《尋找上師》師父說

as Told

陳念萱——著

by Alice N.H. Chen

華品文創

目錄

〈推薦序〉／008

〈新版自序〉神妙之舞／017

第一章 遇不見百分之百的大師？／024

會遇到甚麼樣的老師，其實都是自己的選擇，「業」總是真實不虛地貫徹自己的記錄。

第二章 何謂上師？／034

上師，指引我「覺知」的道路與方向，讓我看見「我」的存在狀態與意義，使我相信「我」是最重要的生命導師。

第三章 觀察三年至二十年才得拜師？／046

拜師，以時間換取生命鏡子的互相輝映，尋找彼此的生命軌跡，讓許多小我的破滅，拾掇成「覺知」的未來。

第四章
傳承的意義／058
傳承，是條綿延不絕的江河，無始無終，卻又有始有終，由生生世世輪迴的誓願相續不斷，承接傳遞「覺知」的奧祕。

第五章
自我檢測／070
檢測，有如千變萬化的照妖鏡，裡裡外外地裸裎，徹底又俐落地淨化層層疊疊積存的情緒毒素，心甘情願走上「覺知」的大道。

第六章
上師相應與相映／080
與上師相應，是「覺知」的起始，與上師相映，是「覺知」的成果。

第七章
上師在皈依三寶之上？／094
頂戴上師，是「覺知」的寶鑰，沒有這把金鑰匙，任何通往修行的道路都是封閉或窒礙難行的崎嶇之路。

第八章
修心剃刀邊緣／104
修心，如同與心魔打交道，一切幻境如實應召，若非已達『覺知』的導師指引，便如遊走剃刀邊緣險境，隨時堪虞。

第九章 與師父相戀？／116
與師父結緣，有如情繫兩性關係，上下煎熬，既害怕親密關係又恐懼疏離，如臨深淵如履薄冰，適巧檢測出「我」的兩面光。

第十章 與師父反目？／128
扮演照妖鏡的上師，經常有被主人摔破的危機，偏偏這照妖神鏡耐摔，就苦了那無地躲藏「覺知」中的徒弟。

第十一章 與師父無二無別？／142
與師父同步，是「覺知」的關鍵，若非無分別，便有二心多心之虞，也就難以踏上「覺知」的歸途。

第十二章 哪兒來的「大師」？／152
尋找大師，彷彿似曾相識的茫然，既熟悉又陌生，熟悉的是那份理所當然，陌生是「覺知」的門路。

第十三章
誰是你的頂頭上師？／164
檢驗大師，端坐頭頂者，乃進入私密領域的靈魂修行導師，若非緊密契合，則互相干擾，「覺知」便難以貼近。

第十四章
孰為同修？孰為仇敵？的兩面光／174
同修為三寶，亦如上師的各種化身，以持續不間斷的情誼相伴護持，直到「覺知」的道路清晰如明鏡。

第十五章
一山還有一山磨／184
「覺知」山路重重又重重，這山翻過，依舊層峰迭起。三寶的佛為導師，法為真理，僧為同修，則層峰變為「覺知」的美妙山景。

第十六章
拜倒在師父的刀山油鍋下／196
知我者，上師。無論刀山油鍋何時起落，大師自有分寸，若失去準頭，定然是「上師相應」的「覺知」該磨練了。

第十七章
無言為師／210
我無言，才聽得到上師的心語，當心語也靜止之時，浩蕩滔滔亦悄然無聲地隨風消逝，「覺知」才正進入排演。

第十八章
「大師」為師？／220
無論大師是否為大師，指引我「覺知」的才是上師。

第十九章
是「妳」還是「你」？／230
上師示現兩極的同時，即是認知無分別「覺知」的當下。

第二十章
為甚麼要找老師？／238
生命行進的軌跡，劃過的筆跡需要指引，是畫還是書法？是工匠還是藝術精品？端賴老師的教誨。

第二十一章
師父說／244

〈推薦序〉

金馬60終身成就獎得主 導演 陳坤厚

我的業師林贊庭先生昨天舉行了告別式

我送上鮮花~徒弟 陳××敬輓……

業師傳授我技藝，讓我這一輩子不受飢餓捱凍

業師如一尊菩薩~善良、誠懇

業師的身教、言教、也讓我終身覺知~善良、誠懇的對待業師傳承的為人與技藝……

上師說：傳承是條綿延不絕的江河，無始無終，卻又有始有終，由生生世世輪迴的誓願相續不斷，承接傳遞覺知的奧秘……

從業師的技藝傳承 到 上師的說傳承

一樣說傳承 不同的覺知

《尋找上師：師父說》可能又會是人生另一課題了~

是飯友，就是在飯桌上嘰嘰喳喳說三道四的一群朋友就所謂飯友～

古今以來也沒聽說過在飯桌上嘰嘰呱呱胡言亂語要負言責的～

是貴為念萱的飯友就要有交代的，以上抄抄弄弄幾個字，不夠資格排版湊熱鬧，希望下次飯桌上還有我的位子。

分眾傳媒 副總裁 駱蘭

二〇一三年的一個夏夜，念萱的聲音裹著電流聲傳來：「聽說上師在尼泊爾，去嗎？」我握著手機的手微微發抖——當時機票已訂往不丹，那裡有籌畫半年的另一個重要課程。可是冥冥中，某個比理性更古老更強大的的聲音在內心說：「啟程吧，去尋找上師。」

我們帶著近乎荒謬的勇氣降落在加德滿都。沒有行程表，沒有聯絡方式，不知道上師具體在哪裡，僅憑著直覺，我們停在了斑駁古老的「雪謙寺」，朱紅寺牆前，這是上師的師父的寺廟。

寺中郎朗的誦經聲，正穿透午後陽光。

當我們在師祖的舍利塔前靜坐時，檀香與酥油燈的氣息突然凝固——上師的侍者掀開褪色的門簾走來，絳紅僧袍掃過經幡投下的菱形光斑。

「明天的法會，給二位留了位子。」他手指輕點蒲團的姿態，像在確認早已寫就的劇本。

那一刻我突然明白：不只是我們在尋找上師，而是上師始終在冥冥中校準著相遇的經緯度。上師早已經生生世世等著，等著我們的心準備好相信的那天。

念萱的文字，我一直都非常喜歡，如她的靈魂，一個靈動，真實，敏銳，自在而又讓人心疼憐愛的靈魂。《尋找上師》十幾年前就看過，當時覺得是她寫得最好的書。

去年的我，經歷了一場大病，日復一日的檢查與治療，身心倍受折磨。

臨近崩潰的那天晚上，手機螢幕忽然亮起——沉寂了近一年的對話方塊，突然跳出上師的問候：「How are you?」簡短的三個單詞，瞬間，我全身像被充電，得到極大的能量。

那時的病魔奪走了我的所有擅長，也撕碎了我精心編織的身份標籤，包括我自以為是的美好清明的覺受、禪修、自在與從容……。

在每個不眠的深夜，我看清自己的所謂修行境界，不過是沙上樓閣。那些朗朗上口的法言法語，在危難臨近的時候，在我內在並沒有真正升起力量。

但是，這難道不是給我最好的功課嗎？我真的相信這場病就是上師的加持，讓我放下一切執著的藥方嗎？我真的看見煩惱即菩提嗎？

書中「師父說」的段落，讓我尤其觸動，讀起來，總有種無聲中聽驚雷的感受。這不僅是覺者智慧海洋裡法語甘露，更是念萱生命的內在狀態，她已然活出成了上師的教言。

最深的開示，往往誕生在你所熟悉的習性全面崩塌的時刻。

這本書最珍貴處，在於它不編織覺悟的桂冠，而是將修行者踉蹌前行的心路歷程編織成經幡。

無常大風吹動著經幡，是心動的時刻。

當您讀到書中的各種奇蹟時，請留心字縫間的戰慄——那不僅是顯相意義的朝聖，更是對「自我」這個最頑固幻相的遠征和討伐。

此刻的我，忽然笑出眼淚。原來十二年前侍者含笑的眼眸裡，早已映照著今天這個正在學習努力與病痛共處的我。

所謂師徒傳承，是上師不斷將我們推入未知深淵，我們縱身一躍，只為讓我們觸摸到那根始終系在腰間的覺性繩索。

合上書頁時，試試覺知到自己的呼吸，覺知到自己的念頭，覺知到此時風吹過你的髮梢。那個讓你在絕境中仍願純然相信的跳動，就是最古老的師徒契約。

作家　平路

念萱開口就是金句，做事憑直覺，卻有太多神來之筆，便也好奇，她是生而知之？等著這本《師父說》，盱到源由與脈絡。

作家　關懷小丑協會　創辦人　黃世岱（蛋黃）

念萱才氣橫溢，而且不止是才氣，還有靈氣。她常以「有質有量」來描述事情，原來她所說的質量是佛經裡的「五蘊」所組合而成的。

信諾科技有限公司　總經理　陳冠榮

近年我與內人終日奔忙於家庭事業，拳拳到肉經歷「與接為構，日以心鬥」的磨損。時見念萱姊於臉書分享《師父說》短語，二人常心有所觸、對目一笑。很深的觸，觸碰的是我倆以為的對與錯後面那片對錯不二的無何有之鄉，療愈之地。

遇事直心的內人，有日忽心有所悟、脫口而出說：「這不就是伏藏法嗎！」哈！一語中的。上師當年慈悲安放的種子，經念萱姊四十年老實生活接人應事日日薰習，發芽成最平凡處的方便法。

六祖云：「道須流通，何以卻滯」，心不住法，道即通流，今因緣成熟，恰《尋找上師》原版權到期，隨其再版新增師父說現世，為眾生解縛。

付梓非終局，臉書分享還請念萱繼續。

茂澤中醫診所

醫師 洪正德

一生之中如有師父追隨恍如再生父母，是何其有幸！再讀《尋找上師：師父說》一書，二十年前的困惑豁然如甘露灌頂，原來答案永遠不在師父那，而是在追尋師父所歷經的一切過程！念萱的文字意義不在當下，是在於對過去、現在與未來的連接！她以其獨立不羈的自由精神，及對自在心性的追求，深遠地啟示讀者！

資深文字工作者　陳靜慧

在尋找的路上，得面對千百萬次的自我質疑，甚至懷疑「尋找」本身的意義和價值……到底在找什麼？人生的正確答案？生命的意義？宇宙的奧秘？……順著念萱老師的幾段文字之後，腦子一直提醒自己別自以為是好高騖遠，先搞懂自己眼跟前在想什麼，好像找到了，就先放著，再往下走、往下找。想起自己喜歡的一個日文「道草」，就算目標明確，也可以先偏離大路吃吃道上的野草，走走小路，只要自己知道大路一直都在那裏。

師父說：「我在，會一直在，即便走了，也不會消失，只要想，便能見到我。」我在心裡撇撇嘴，這哄人的技術不太高明啊！孰知，多年後，想著想著，他真的在。

師父說：不要怕孤獨，這是妳生活裡最好的禮物。但凡妳無有恐懼，就會發現許多日常被自己忽視的人事物，而開啟新的視野，此時的妳，忙得想不起什麼是孤獨。而當妳終於不忙時，才開始品嚐到孤獨的美味。

師父說：妳的信仰成為妳，將經歷漫長的洗禮。只要有信仰便不會迷失，即便是大部分人的信仰並不究竟，無法真正解脫世界苦。妳並不必須是佛教徒，但一定要相信，虔誠，是妳走入究竟的力量。

師父說： 在妳靜不下來的時候，需要靜；無法忍受寂寞的日子，最需要獨處。就在這極端的困境與挑戰裡，妳看見自己，看見了眾生。

師父說：任何親密關係，都有生滅過度。道法亦如是，落入時間的長河裡生滅，才有了伏藏的傳承。從出現到青澀乃至成熟被吃掉或成為地肥，只要熟悉了過程，便能自在接受每個階段，而不會被自己的情緒帶走或綁架，甚至危害他人。

〈新版自序〉神妙之舞

我是幸運的，在不幸的家道與體弱雙重衝擊童年裡，看似健康地成長了。在最需要父母的年齡，被蔣宋美齡夫人創辦的華興育幼院收容，住在五百師生共同生活的陽明山半山腰上，日看朝陽夕迎晚霞，奔跑在古色古香的大紅迴廊裡，迷迷糊糊地享受著完整的均衡教育，後來，聽說校外人稱，華興是貴族學校，複製了蔣夫人在美國寄宿學校的教育方針，學科與生活教育並重，其中尤其重視音樂、美學與體育。

離開學校後，混跡台大與師大校園，邊打工邊旁聽亂七八糟的課程，校內與校外教學兼具，其中包括中醫、太極拳與字畫藝術評析，還看了各方推薦的大師文選與諾貝爾叢書，成套成捆地強塞，幸而有許多熱愛高談闊論的高材生們，經常一碗刨冰橫掃古今地豪情奔放，擴充了我貧瘠生活的見識。

我做過許多工作，退休專業寫作前，在博客來書店做顧問寫書介，在電影公司管理戲院辦影展，而再之前曾在上市公司做外貿，當年工作正巧跨越了電報、傳真機與電腦的快速進程，見證了科技跳躍刺激經濟飛躍的時代，以及股市狂飆起伏的瘋狂年代。

打算退休並從事寫作時，因緣際會成為兩岸許多媒體的特約撰稿人，又經歷了一回網路風暴的新紀元。我所經歷的年代，好刺激好精彩，正巧戰爭結束重建，如今大家又面臨了AI之爭的恐慌。而我，再次很幸運地，遇見佛學，受教於許多當代大師，其中，影響我最深遠的，是先師聽列諾布仁波切，他不是出家人，亦非轉世祖古，而是家族傳承的延續者，出版了許多佛學著作，每每在其文字中，顛覆了我所有的知識與成見，神奇地找到共舞之妙。

感恩！不足以表達我身心靈獲得的撞擊與重建。

見其人先見其文，我在閱讀了『Maggic Dance』後，動念翻譯，並開始渴望見到作者。一九八七年再訪皈依師父薩迦大學創辦人堪布阿貝時，首度見到了白裙紅衣的聽列諾布仁波切，自此，長達三十餘年的往返，他成為我們口中唯一沒有冠上名字的仁波切，如師如父，仁波切藏文意思是寶中之寶，而這是大家敬畏如父親的稱呼，特指唯一。

進出仁波切紐約莊園與加州小宅多次，最後的幾年，他開始拉著我拍照，並給我許多私人照片，一再叮囑：「我走後，你可以隨意使用，不需要跟任何人報備，也不必在意來自四面八方的褒貶，我相信你。」錯愕與感傷，讓我抗拒拍照，躲來躲去，總會被逮著，然後隨機拍照，不管我在幹嘛。

二〇一一年底，他走了。我才在尼泊爾見過他，當時能感覺那是最後一次，早有心理準備，卻又很不能接受，難受得無法表述。我應該是消化了超過十年才慢慢接受的吧！感覺比父母離世還讓人鈍痛。站在佛學的立場，這樣的情緒很不應該，但我情願自己是有情緒的，那幾年無知無覺甚至不知其味，實在太讓人難過，甚至自我質疑，我學的是假佛學吧？

偶而想起翻譯『迎賓花絮』的過程，如同大灌頂般的經歷，又罵自己不知好歹，怎能如此輕易地否定了自己獲得的種種好處？

其實，我從未正式皈依過聽列諾布仁波切，甚至沒有正經地接過傳統灌頂，遑論那落落長的儀軌了。儘管很多同門甚至他的兒子們，都認為我私下得了「好處」。

嗯！好處是有的，無法否認，卻又不具體，沒有實質拿得出手的教法。甚至很多年來，我只暗暗稱呼他為老師，不敢自認是弟子，因為他的地位太尊貴，感覺自己配不上成為他的正式學生。此外，也恐懼他的嚴厲，儘管他對我一直很溫和，卻讓我很沒出息地「保持距離以策安全」，孰料，早就沒啥距離而不自知。

再過兩年，相識四十載，看似漫長的歲月，我終於抽絲剝繭地想起，他在日常閒聊裡，說了許多法，當時隨聽隨忘，也從未思考過他為何如此說，有啥意義？在我失去味覺，失去嗅覺，然後又重新找回食慾，開始有觸動，也終於有了眼淚，才恍然想起，彼時我是痛的，痛得無知無覺，以為自己冷血。

從來不知道，再度有眼淚，是這樣的。我好像很多年不看電影了，在閱盡數千部好好壞壞的電影後，失去了感觸，總是在抽離中忍耐著別人費心製作的影像，但我彷彿五蘊盡失，成了廢人。

然後，我再度病了。夜夜輾轉難成眠，又日日如鐵棍般醒來，無處不痛，身體僵硬得下不了床。醫生說我身體是空的，這形容好真實，心裡空，身體也跟著空了。

你永遠不會知道誰是你的老師，直到你知道你知道了。這就像是一個偶然，卻可以追溯出許多的因緣，一次契機，一回相遇，一段談話，任何彷彿相關卻又不具體有關係的轉折，忽然就知道了。此時，你明白，這不僅僅是當下的知道，卻是累積了許久許久，還要發酵許久許久，你才心甘情願地知道。

一旦你情願了，不可思議的海闊天空，忽然出現在眼前，這便是偶而可以遇見的極樂或圓滿吧！從前不太明白為何會有『大圓滿』這樣的名詞，此時，瞬間看見理所當然的名相與實相，真是讓人想狂歡啊！

至於我不知所謂的病，姑且自認為業障病，莫名其妙地有了自我拯救的希望，拔起懶惰腿，去看願意看的醫師，自我鍛鍊，忍痛邁步。不能說痊癒，但至少有行動力而不再絕望地自我放棄，時靈時不靈地，依然有曙光，就足夠活著。活著，失去的師父，也活了。轉眼40年，我終於有師父，雖然他已不在，卻真正開始存在了。

我把認識師父的第一本書翻譯為『神妙之舞』，內容講述著生命組成要素的五蘊，彼此糾纏共舞，既神奇又曼妙，任人為所欲為，只要願意。一開始，我只是翻譯，不懂其意，直到許多年後，才逐漸理解這本書在說生命的緣起與結束，生與死，說得這樣美，難怪以前的我從來不知道這是生死之書，一頭鑽進牛角尖，如今真想笑，當年是有多傻，才能如此無知又大膽地去跟師父說：請讓我翻譯這本書。

原來如此，是今天我用無量的淚水換來的。

忽然，我又開始夢到師父了。然後，即便不做夢，他也再度開始在我腦海裡說話，在他逝去十多年後。我不會在意你是否相信或者說我自說自話，如是我聞，就是這麼來的吧！這就是我聽到的，寫下來，自己再讀，即便是我寫的，也要像是面對一本陌生的書，重新認識。師父說：「我相信妳！」這是我聽過最美好的一句話，足夠支撐一生一世或未來的許多世。

師父說： 我是妳的師父。妳也許要用很長的時間去認識這個關係，要經歷許許多多回的翻來覆去，但妳無法言喻也無力拒絕。不用恐懼，在妳不再拉扯時，便解脫自由，而我是否是妳的師父，心如明鏡的當下，了了分明，照見的並非兩極分化的答案，而是消失中的問題。

師父說： 你只要每天念叨師父幾下，即便我離開了，也等於沒離開。皈依三寶，更是如此。每天記得念叨念叨，有依有靠，永遠不慌。

師父問：妳敢嗎？
大膽一點，還可以更大膽～ 而我，心裡想的是：
無所畏懼地相信您，
從何而來？

師父在聊天，又不像是在聊天，很隨意，卻又讓人有點壓力，很隨興，卻又教人陷入沉思。許多聽起來隨隨便便的幾句話，搖晃了很多年，晃出一腦袋水半腦袋漿糊，似乎才清晰了點。好久好久，好慢好慢啊！

師父說：洗澡洗頭的同時，心理生理也跟著洗一洗，許多病痛的源頭也隨之清除了～ 這種功德，需要日積月累～同時帶進中陰身

師父說：妳不會是個完美的修行者，甚至不合格，既不聰慧還不夠勤快，但妳只要維持一個基本品質就夠了。虔敬，且持之以恆，從造作到自然而然，乃至本能由衷地禮敬三寶，妳得到的，就只有妳自己清楚有多珍貴。

師父說： 妳能獲得最好的福報，就在當下！當時不太明白，經過時間的淬煉，才驚覺，心安！便是萬金不換的當下啊！

我曾經問一位鋼琴家，長達兩小時獨奏不能看樂譜如何記住不遺漏音符？ 他說：用想像的畫面！演奏時腦海裡都是畫面～

想起師父說：只要聽過便不會遺忘，就如播下種子，只需等待發芽的合適機會。

我當時覺得這像一劑安慰針，沒有實質的意義。直到數十年後，那些本已遺忘的畫面紛紛湧現，才感受到「如是我聞」的威力。

尋找上師 師父說

第一章

遇不見百分之百的大師？

會遇到甚麼樣的老師，其實都是自己的選擇，「業」總是真實不虛地貫徹自己的記錄。

多年前，我曾經在一個藏傳佛教藝術講座上介紹作品時，提醒觀賞者應分出宗教派別與藝術傳承的兩種脈絡解析，如此才可找到歷史的趣味與代代相傳的精髓，卻被問了一個非常感傷的問題：「請問我要如何找到我的老師？」提問者是個相當時髦精幹的中年婦人，我被問得九轉十八彎，一時竟答不上來，楞了好一會兒，她語帶酸楚地接著說：「冒昧打擾，妳可以不必回答，我知道這是個私人問題，如果不方便，不必客氣，但我真的很需要老師，精神上的……說來慚愧，一把年紀了才在找老師，也許太遲了！」

我理解，我立時就理解了，正因為如此，才發楞的。

大哉問！這下可苦！回想起多年尋師的種種，真是啞巴吃黃蓮，如何道得出來？這的確非常私密，卻並非一般人想像的神祕。我也是將近而立之年才開始認真找老師的呢！到如今，找了快要二十年，我的老師仍恥笑我：「還不趕快去找妳的大師？」

每個人都有自己的生命軌跡，所有的生命藍圖都是自己畫下的，只是製作者有失憶症，就怪罪於老天捉弄人，天知道，這位將自己命定的始作俑者並非別人，而是不斷打造自己的雙手，也就是佛教說的：「業」，梵文的「羯磨」（Karma）。那是說我對生命交出的成績單，決定我下一刻要成為甚麼樣的人，也就是我的生命刻痕與記錄帶給我未來的方向與回報。這不需要等到來生或追尋過去式，只要看看自己的成長過程，就知道「業」是如何記錄並造成影響的。

看著她誠懇又彷彿閃亮溼熱的雙眸，以及那打扮伶俐的濃妝，和兩個鐘頭前聽演講時的嚴謹肅穆，我拼不出一個完整的畫面，七上八下地轉了好幾圈，才小心翼翼地答覆：「我的中醫老師曾經告訴我：『不管妳想學甚麼，都要做好準備，只要把妳心上的案頭打理好了，老師自然會找上門，妳根本不需要出門去找老師，尤其是有傳承的絕活，一定會找到心心相印者。否則，就算大師天天打妳門前過，一樣老死不相往來……』，我不知道妳是不是有宗教信仰，佛經上就說佛菩薩比恆河的沙還多，那就是到處都有，只是我們認不出來而已。就連基督教的上帝也說自己無所不在呀！哪！想想看，就在分秒之間，妳準備好了，老師就會迫不及待地立即出現，妳相信嗎？」

我幾乎差點兒告訴她：「老師還說：『為了找到傳人，有些師父甚至願意從天而降或破門而入，只要那傢伙準備好了，就會發出一種無法遮掩的光芒，師父們就一刻也不會耽擱地搶著聞香而至……』」

這當口，說出這樣的話，她一定會認為我在戲弄她，因為當時我就是這樣看老師的……

她看我的眼神有點兒困惑，短短幾秒間又恢復了冷漠以及慣有的成熟風範：「我聽不懂妳在說甚麼，希望有一天能懂。如果我想清楚了打電話給妳，問妳幾個問題，不知道妳介不介意？」我當然不介意，但我認為她不會打這個電話。

並非她沒有能力想清楚，也不是她缺乏膽量去打這通電話，而是她太忙，這種念頭一閃即逝，明天一覺醒來就丟到腦後杓去了。一個有身分地位的人，能在一生中用兩個小時去聽跟日常生活無關的知識，已經相當難得了。這場演講適巧來的都是各方「賢達」，以渡假的心情聽我介紹一個看來好像遙遠不存在的生活藝術，我該如何評估這樣的效應呢？

其實，我相信她最大的恐懼是拜錯「大師」。

對一個將生活安排井井有條的人來說，損失束脩事小，若將靈魂託付給「居心叵測」的小丑，可怎麼解套？

我的佛學老師舉過一個例子：「『相信』是一個非常關鍵的字，佛經上記載曾經有人將狗屎當作佛陀舍利子供奉，最後依然得道昇天，耶穌說：『信我者得永生』。這表示老師固然重要，而追隨者持續不變的信任才是成就自己的癥結點。」

至於，信錯了怎麼辦？我的老師曾經如此答覆：「會遇到甚麼樣的老師，其實都是自己的選擇，『業』總是真實不虛地貫徹自己的記錄。師生之間的緣分是經過長久累世結下的，對與錯，都要償還。做學生的，只要盡到該盡的責任，即使老師再錯，也能還掉這筆債……」

於是，找大師講究「緣分」，就變成了一種說辭，因為「信任」的基礎相當弔詭，由不得妳一變再變，只好推給無法追溯的「緣」。

反正好不好很難辨識，先看對眼了再說。至於，「看對眼」這件事又很虛幻，這種情緒性的起始，總是會情緒化地終結，雙方倆「心傷」，就跟談戀愛差不多，「誰騙了誰？」便成為一場戲劇化的舞台落幕。

每個人從出生到死，不知道會遇見多少個老師，生活上、知識上、心靈上的，大部分默默無名，也許有些是顯赫的「大師」，有不小心偶遇，也有故意去撞見的，有的終生為師，也有的或許只提供幾句關鍵性的話語……無論如何，由於這些人的指點，我的腳步踏出了今天的藍圖，不是嗎？

然而，我們要的不僅止於此，最好這位大師就正巧是那「唯一的真神」、「全能全知的上帝」或「無所不在的佛菩薩」，這樣我們就可以專心地膜拜，而不需要痛苦地三心二意、全天候疑神疑鬼地擔心受騙。

但，誰又知道「祂」是不是會「騙」著我們好玩呢？

「尋找大師」是門重要的人生課題，有的人不自覺，也有人敲鑼打鼓地找，然而在西藏卻是打從出生就變成生活中最重要的事，任何人都有一個清楚明確的傳承並且有標誌鮮明的「頂頭上師」，至於，關起門來修行的「師父」，那就只有自己與師父雙方知道了，這也是藏傳佛教被當作「密教」的主要原因之一，因為是「一對一」教學，決不容許外漏。這樣做的好處至少有兩項，其一是資質各異，每個人需要叮嚀的進程絕對無法相同，為免造成彼此的干擾，最好保持嚴密三緘其口的原則；此外，這也是杜絕爭風吃醋的乾淨俐落法門。

因此，除了天知地知，在無人知曉的狀態下，這位「頂頭上師」幾乎是掐著我的生命行走的那把鑰匙，拿錯了，或者用錯方向，都一樣毀。

聽起來很恐怖，但還可能會更恐怖。

最恐怖的部分，並非是誰陷害了我，而是「我」在生命的歷程中不斷地殺死自己。我也經常狠命地將師父當兇手捉拿，這師父若沒有兩把刷子，早就被千刀萬刮了。做徒弟，通常是先把師父捧上天，緊接著又反覆在信不信任的油鍋上煎熬彼此。老師若不「置之死地而後生」，就無法讓你重生，然而痛不欲生的當下，又怎能去品味預知重生的喜悅呢？當然是五味雜陳地怨恨滿腹，修養差的，就每天放鞭炮啦！

想想看，收一個徒弟，若不先好好地修理，如何讓他受教？而最首當其衝的修理，就是讓學生「認清自己的真面目」。

尋找大師，同時，更是尋回自己的歷險記。

師父說：你可以期待更大的渴望，去想最大還可以更大的那種，只有無限展延的想像，才能發揮極致的力量，獲得實現目標的機會。我的天文大佬朋友林潮教授也是這樣跟博士後研究員們說的～就要去想最不可能的事才能推動研究成果！

師父說：在妳決定自己是佛教徒時，放棄了很多，也收穫不少。但我相信你失去的會越來越多，如果你是認真的。在我看來，佛法之外都是垃圾，也可以成為肥料，你可以說我偏執，但我在陳述事實，浪費時間繞一圈，也是你的選擇，畢竟，唯有風雨飄搖，妳才會安靜。

師父說：世界無奇不有，知道的文化種類越多，越能減少自己的偏見，這也是擺脫執拗的方法之一，還是個輕鬆愉悅的過程。當妳把知識變成糧食，排泄的垃圾成為大地的養分，逐漸認識逐漸消融，只剩下純粹的無二無別，妳的知識也在消失，然後妳有了悲心，奠下智慧的基礎。

尋找上師 師父說

第二章

何謂上師？

上師，指引我「覺知」的道路與方向，讓我看見「我」的存在狀態與意義，使我相信「我」是最重要的生命導師。

我的授戒老師頂果欽哲仁波切在《滿願寶》（The Wish-Fulfilling Jewel）書中強調：「未有任何佛陀非依靈修上師而獲得證悟……」這是說，到目前為止，所有證悟解脫的覺者佛菩薩，都是經由精神導師的指引而獲得成就，沒有一人例外。

許多「現代都市人」認為藏傳佛教特別重視傳承上師，把上師放在最重要的位置，對上師的恭敬與虔誠較之臣子對皇帝還恭謹有加，旁觀者看在眼裡嘖嘖稱奇，卻忘記了各門各派或各行各業的佼佼者收門生亦若是，只是你心中是否真當此人為「師」，還是僅只交換一些糊口維生的伎倆而已，就決定了這老師是「佛」還是旁觀者眼中的「江湖郎中」。

或許有人認為學習技藝與信仰之師大大不同，才會有如此不同的講究。其實，就傳承的意義而言，精神上應該是完全一樣的，「傳承」意即傳遞承接法脈，通常是要有相當份量的經驗知識才可能形成綿延無盡的「法

你心中是否真當此人為
「師」，
還是僅只交換一些糊口維生
的伎倆而已，
就決定了這老師是「佛」
還是旁觀者眼中的「江湖
郎中」。

脈」，且歷經多位不同時代的大師們各依特殊經驗不斷修正，才能應時依勢地將「傳承」愈修愈精緻，否則就自然淘汰了，根本無須任何證明或評斷。因此，不論是各行各業術業有專精的老師，或者是靈修的精神導師，都有根本上提昇生命價值認知的絕對作用，任何老師，都需要仔細地檢驗，並賦予全然的崇敬。

因此，不管妳想學甚麼，「尊敬」妳要學習的對象，就拉拔出妳想獲得的精華，這個精神，不僅只是做人的禮貌，也是自我尊重，更是「學」與「修」的真正關鍵。

藏傳佛教訓練裡最起始的教育是「大禮拜」，證明了放下莫須有的傲慢，才是學習的最佳開端，這「我慢」，非眼見而已，而是內心深處執著「擁有」的「捨不得」以及綑綁難移的「我」，必須一層層地挖進心底，才能抽絲剝繭地找到那隱藏發酵的傲慢，逐一徹底摧毀，否則如何「受教」？跪拜，只是一個基本象徵而已，卻也是打掃「我慢」的最佳利器。

師生之間的關係，就在一個「放下」，這意味著一個隱隱壓抑的「尊嚴」，隨時想跳出來「抗議」。那麼，如何寄望修行終端的「交心」呢？

在藏傳佛教的基礎教育「四伽行」裡，最重要的關鍵是最後的「上師相應法」，那就是全然無疑地將自己的老師當作「佛」一樣地禮敬。試問有哪一個肉眼可見的上師「不是人」呢？將老師視為無瑕的「覺者」，這，真的很困難。

時代變遷，已經扁平化師生之間「上行下效」的可貴距離，現在的孩子也不像從前那樣把老師的話奉若聖旨，甚至因為「挑戰權威」的潮流，頂撞老師的叛逆族群，倒變成了眾人崇拜的英雄。

師生之間的關係，
就在一個「放下」，
這意味著一個隱隱壓抑的
「尊嚴」，
隨時想跳出來「抗議」。

我清晰記得小時候過年過節的光景，尤其是端午節，家中牆上掛滿了吃不完的粽子，各種形狀口味的家常製品，看得人眼都花了，卻十分有趣地辨識出不同的家鄉傳統習慣，送禮的人永遠親切有禮，順帶解說幾句自己的家傳製品，不收反而失禮，因為她們是來「敬師」，我們卻是無論如何都吃不完的，而這只因為當時父親任職小學教員。父親常說：「包得漂亮、材料多，不見得好吃，功夫最重要，有本事的人，就只用米，也能做出最上乘的美味，就看妳有沒有受教，即使是學到了家傳絕學，還得勤快地練出火候來……」當時年紀小，完全不懂甚麼叫做「火候」，一直到進廚房看八十歲的婆婆用視線模糊的遲緩動作隨手抓作料，卻永遠做出品質穩定的食物時，才體會出日復一日的「火候」是甚麼效果。

那個年頭，人人尊敬老師的戰戰兢兢，遠非今日美式「愛的教育」下孕育的學子們所能想像。

有年裝修二十多歲的老房子，朋友介紹價廉物美的木工，好不容易忍受完了將近月餘的飛沙走石，驗收製作簡單樸實的書架衣櫥時，恨不能趕快付錢打發師傅，千頭萬緒地想著該如何整理清潔，未料，這平時看來溫和謙恭的木工竟押著我仔細檢驗他的工程：「我那麼辛苦做了一個多月，妳看也不看就要付錢，糟蹋我的功夫……」他強調自己是有師承的，做工不華麗卻很實在，保證我用二十年還是像新的一樣好用（如今已用了十年，的確一如當年俐落），並強迫我用一根手指頭去打開所有的抽屜：「我沒有用釘子，全部上榫頭，現在很少人費這種工，我可是跟了十年才出師呢！現在的年青人，做沒有兩年就要自己當老闆了，哪像我們當年伺候師父，打掃煮飯樣樣來……」

是啊！現在的人學東西，最好兩個月就能收工生效，只要聽到用年來計算學程的，多半會放棄：太久了，上不到一半就會開始翹課，還是算了。甚至有些官方舉辦的教學要用倒扣法，先交學費，期滿未缺課者，

傳道授業，
的確不是三言兩語可以交代得清楚，
很多的功夫必須身教，
從生活細節上養成習慣，
才可能理所當然地感染「成材」，
何況是精神導師？

全數退還學費，可謂用心良苦。

傳道授業，的確不是三言兩語可以交代得清楚，很多的功夫必須身教，從生活細節上養成習慣，才可能理所當然地感染「成材」，何況是精神導師？根本不能用時間去計算，看得到的是終生為師，有信仰的，恐怕就是生生世世追隨到底了。

梵文的「Guru」就是藏文的「喇嘛」（Lama），也就是中文的上師，就佛學信仰語彙而言，這代表著幫助我們「證悟」的導師。當然，證悟可以有許多不同層次的定義，英文用「Enlightened」，而中文叫做「覺」，進入「覺」的循序漸進過程中，Guru 是帶領我們經驗覺知（Awareness）的那把鎖，好不好用，需要非常精確細緻的默契，若非經年累月的相處，根本無法培養出這樣的親密關係。

在進入藏傳佛教環境十七年來的歷程裡，我最感困惑的問題就是經常被問：「誰是妳的上師？」當我答覆：「我皈依了這位老師，向那位老師接灌頂，然後又聽了那些老師的課……」存心問這問題的人絲毫不願意放過我：「那麼，到底誰才是妳頭頂上的上師？」剛開始被問這種問題的時候，都會結結巴巴地不知所措。在西藏人的信仰定義裡，傳遞知識是所有老師的責任，然而，傳遞心心相印法脈的老師才是不共的「上師」。因此，每個人都對「誰是你的上師？」非常好奇。

因為，這是拿不掉的「標籤」。會坐到你頭頂的老師，代表了你生生世世的傳承，也就清楚地標示了你的生命軌跡。

同時，不可告訴任何人「誰是你關起門來修行的本尊」是極為重要的戒律。因此，「誰是你的上師？」是個相當艱辛且神祕的歷程。

上師，就是那個與妳「心意相通」的覺者，
這覺者暫且定義為「覺知到妳心靈變化的人，
帶領妳走上學習的虔誠之路。」

《了義經》中記載佛說：「應善驗證我所說，非因信我乃盲從。」清楚明示師徒之間的對待，在於真正的彼此了解，傳道者有責任說清楚道明白，受業者更有義務要經過大腦吸收。一旦決定跪拜，就必須相信到底，否則前功盡棄，標準的「海枯石爛」、「天荒地老」，與談戀愛時愛到極點的誓言一般無異，同樣地，若「破功」，就全部白費，甚至可能糾纏不清，還很難善後。

上師，就是那個與妳「心意相通」的覺者，這覺者暫且定義為「覺知到妳心靈變化的人，帶領妳走上學習的虔誠之路。」

就像那位逼問我的西藏朋友說的：「那個會在妳腦海裡說話的聲音，就是妳的上師。否則只是一般的老師，和妳沒有生命攸關的瓜葛。」而且最重要也是人人都急切關心的三昧耶戒（注：受戒的人會得到老師個別化的注解，因此不便多做論述），是藏傳佛教世界裡相當引起爭議的一項戒律，一旦起誓，任何出自老師尊口的符號或指令，都是妳必須誓死達成的任務，做不到，就別起這折磨人的誓願，否則即將付出的代價，是比起誓前還多無法計算的後果。

以西藏人的說法，如果是妳的上師，就不會有生生死死的困擾，這誓願可以一直綿延無盡到生生世世，因為老師會一再輪迴轉世來繼續做妳的老師，直到他完成對學生承諾的任務。

這也就是為甚麼，我們常常聽到西藏人有這樣的陳述：「某甲是某乙前世的老師，後來某甲轉世，某乙又變成某甲的老師，但是某乙見到某甲的轉世，仍然會以面見上師的禮數磕頭跪拜，因為他去見的是前世的老師，而不是去看學生。但是某甲轉世在就學期間，也要以禮敬老師的方式對待某乙。」通常不熟悉的人聽到這種對白，一定會頭暈，始終也弄不清到底誰是誰的老師。

無論如何，若出生在西藏，妳可能會有梵文、藏語、經論、邏輯與禪定等等的各種老師，但是「直指人心」的上師，多半是獨一無二，除非你的心臟超強，可以接受許多老師「敲腦袋」。

至於，如何找到上師，或者要用多久的時間，我們大概沒有西藏人這麼老實，幾乎一出生就搞定了，每個人都被自己不停轉動的念頭所牽引，說不定比找另一半還複雜囉唆，畢竟，另一半還有機會分分合合，上師，可是掛上了就很難晃點擺脫，一直要到「開悟」了才能「解脫」呢！

「那個會在妳腦海裡說話的聲音，
就是妳的上師。
否則只是一般的老師，
和妳沒有生命攸關的瓜葛。」

師父說：酒精濃度決定了妳的承受力，同時看清自己的極限與突破極限的距離。至於戒律，因人而異，要不要遵守，也根據自己的需要，重點仍然是你的承受力，無論正負面影響，都是極佳的關照機會。

師父說：一杯咖啡在撫慰妳的同時，也成為妳與別人分享的橋樑，妳很可能「誤」以為我們有了共同的嗜好，也就自然而然產生獨有的默契。原本很簡單的瞬間享受，在過度解讀後，失去了最根本的美好。禪定亦若是，簡單而美好，什麼都不需要詮釋，關照即可。

師父說：妳也許不瞭解別人，其實更不理解自己，卻可以從周遭人的眼睛裡看見自己。當然，妳看見的僅只是其中的一面，請容許自己是多面的，旁人亦如是，唯有如此，才能看能知能信解。相信與理解，是妳給自己最好的悲心。

師父說：火是很多信仰的源頭，既是甘露泉水又是毀滅，既創造又可以瓦解，生之華死之淨化，涵蓋了輪迴裡最需要的能量。我喜歡這世界上所有的女人，因為我眼中的女人都是生命的源起，充滿了新生的氣息，若要禮敬供養，面對所有的女人，都可以視為火之神。

尋找上師 師父說

第三章

觀察三年至二十年才得拜師？

拜師，以時間換取生命鏡子的互相輝映，尋找彼此的生命軌跡，讓許多小我的破滅，拾掇成「覺知」的未來。

當我們用「拜師」這樣的字眼，意味著某種程度的認知與自覺，至少，眼前這位老師，讓我們看到了自己的不足與缺失。

喜歡看武俠小說的人都知道很多拜師的故事，大意是走訪名師，然後被飭回無數次或通過各種殘酷的考驗，才得以一窺師門絕學。通常，我們都會十分同情那位被折磨的可憐學生，不明白老師幹嘛定要羞辱完學生才授業解惑，就不能和藹可親地教學嗎？「大師」不是都該慈悲為懷的嗎？

既然是「名師」，必然有其可見的格局，既是「可見」，就一定有其侷限性。這麼說，並不是藐視大師，而是每個人的價值觀都有相當程度的差距，更何況形成氣候的「大師」，必須犧牲掉多少的「凡俗」錘鍊，才凝聚出專注的「典範」，這其中必然有許多無法踰越的「規矩」，來訪者是否樂意遵守，該如何辨識呢？當然是先狠狠地打掉妳的自尊再說，否則每跨越一步都要小心伺候，這學習之路的漫長，恐怕是永無終止之日。

於是，老師需要觀察學生的極限在哪兒？才知道從何下手，就像一般人說的：找到罩門，才能殺敵。

沒錯，師生之間的關係，很像生死仇敵，一定要想盡辦法找到對方的弱點與優勢，才知道如何整治調節，最後磨練出上手的器皿，裝甚麼像甚麼，能煮能燒不滲水，耐得了水火的煎熬與錘鍊，直到所有的雜質都被消磨光，煥發出「純質」的光芒。這時候，老師要教妳甚麼，彼此都會心不著力，興高采烈地消融於無形。

那麼，沒有三、五年的相處，如何知道對方吃米會過敏，吃麵會脹氣呢？

師生之間的關係，
很像生死仇敵，
一定要想盡辦法找到對方
的弱點與優勢，
才知道如何整治調節，
最後磨練出上手的器皿，
裝甚麼像甚麼……

這還只是剛開始而已。

教啥會啥，只是初階的教學，必須做到「心領神會」，才算是入門。

這就不僅僅只是十年的光陰可以換來的交情了。

俗話說：「最致命的傷害來自於最親近的人。」這句話有兩種解讀。因為最親，所以受傷的感覺更深，這是情緒性的傷害。另一種解釋則較寫實，因為親近，才最了解妳的致命罩門在哪兒。

師生之間，相處數年，就算沒有真正入門，都有許多生活上的熟悉，若要入了門，甚麼都擺在眼前，彼此像是脫光了衣服共處一室，無處躲藏，除了坦然面對，別無活路。

若要入了門，
甚麼都擺在眼前，
彼此像是脫光了衣服共處
一室，
無處躲藏，
除了坦然面對，
別無活路

除非，妳是超級演員，否則也要有欺騙自己的本事，不然，一卡車的衣服也不夠妳遮醜。那麼，妳到底要不要入門呢？

放下世俗可見的衣飾，坦蕩蕩赤裸裸地針鋒相對，就是妳跨越「門禁」的鑰匙。這時候，不僅只是為了存活而已，而是要頭破血流地練就一身「武林絕學」，以衝破這用來綑綁妳的「門禁」。老實說，每次快被老師逼瘋的時候，恨不能十八般武藝齊集一身，狠狠地反擊，卻發現自己早就成了透明的目標，有喘息的機會就算是功夫很好了呢！

那麼，此時此刻，就像是高手過招，對方的路數一清二楚，只剩下「純粹」與否了。最後的贏家，是那專注後的「超越」。

「登堂入室」，就是形容這種情形。一旦打開門禁，便任君取閱。要慢慢瀏覽，還是巧取豪奪，就看妳們家的「家教」如何了。

這樣的關係，沒有相當的信任，能持續嗎？

我的老師曾經告訴我許多師生相處的故事，最得意的一件，是他年輕的時候脾氣相當暴躁，聞名遐邇，遠近馳名，很多人見到他都逃得遠遠的，一點兒也不像我現在看到的他那麼慈祥體貼。

老師收留過一個從小癡呆的小和尚，每天幫老師打水煮飯，卻從來不上課，即使老師開班講課也不來聽，就只是跟進跟出地打雜。十多年後，老師閉關三月，他仍是最勤快的侍者，每天按時送飯，但總是不敢接近老師，老遠地把飯菜放在籬笆外就跑了，連送到門口都不敢。某日，老師特意等在門內，那和尚剛剛把飯菜放下，老師立刻從門內衝出，拿起一塊大石頭就往和尚砸過去，命中額頭，和尚血流不止，掩面而逃。

三年或二、三十年，
講的不是時間，
而是「琢磨」，
默契是在時間的流逝中培
養出來的，
沒有這份「琢磨」，
就不會有師生的「緣分」。

據說，那和尚在第二天進了佛學院，三年後拿到相當博士學位的「堪布」資歷。

哪！妳若是那個被打的學生，會出現甚麼樣的念頭？

我有一位學佛多年的朋友，經常被師父當眾喝叱，卻從來沒有人見過她因此不高興或鬧情緒，我問她：內心從來沒有起過絲毫反彈嗎？她仔細地想了一下，我正慶幸呢！果然是有的，她卻悠悠地說了：「有一回，師父忽然怒氣沖沖地拿著棍子衝進我的房間把我毒打一頓，邊打邊罵，打累了才走，我莫名其妙地被打，當然就一直哭啦！隔不多久，老師又回來打我：『妳還哭，是不服氣我打妳嗎？』其實，我是因為被冤枉才哭的，後來看到老師那麼生氣，就更傷心了，我被打不要緊，但是惹老師生氣就不應該了，想來想去都覺得自己罪孽深重，才害得老師要那麼辛苦地幫我消業障……」

我差點兒沒笑得岔了氣。真有妳的！

怪不得她可以如此專注，我從未見過如此一絲不苟的翻譯，幾乎可以字字句句毫不遺漏地完整口譯，拜服！最叫人服氣的是她對老師的全然信任，真是幾世修來的福氣。

這位朋友用的是二十年來絲毫不變質的「相信」。

三年或二、三十年，講的不是時間，而是「琢磨」，默契是在時間的流逝中培養出來的，沒有這份「琢磨」，就不會有師生的「緣分」。

真正的大師，不會只有三兩功夫讓妳學，即使只是教妳磨刀，都會有好幾重的功力，一進還有一進，每回當妳自覺揮夠了汗、流完了血，正

每回當妳自覺揮夠了汗、
流完了血，
正準備收攤出師、
返鄉耀祖，
才發現老師剛剛跑進來破
壞妳辛苦搭建的成品。

準備收攤出師、返鄉耀祖，才發現老師剛剛跑進來破壞妳辛苦搭建的成品。不僅是要重做，而且還要用完全不同的材質，運用全新陌生的技巧，直到純熟，然後又再捨棄……

這一來一回，無數次的毀滅，都來自妳最敬愛的老師。有時候，妳疲累得恍惚，彷彿眼前站著的是妖魔，恨不能拿起手上鋒利的刀砍了「祂」，以解放自己。如果不是日復一日長期累積的信任，妳，真的會在某年某月的某一天醒來，看到滿腳踩著不敢相認的「屍塊」。

信任，不只是需要培養，更需要嚴苛的檢視，否則，妳真的會神不知鬼不覺地砍了「祂」。這檢視，絕不會是三兩天，而是長期的剝皮，一層又一層地看進去，直到全盤接受。不僅好老師應如此檢測，學生更是必須裡裡外外地審視自己以及老師的動機是否一致。

當然，也有人毫不費力地相信了，就像我的朋友。但誰又知道，她是否好幾世前就吃足了苦頭呢？

我對老師的信任就常常經不起自己的考驗，反倒是老師信任我多些。

與老師相處十年後，突然有一天老師問我願不願意做他的學生，害我當場氣得說不出話來，頓時淚流滿面，心裡計較著過去十年的受罪豈不冤枉，早知道以前不算是他的學生就不必憋氣做乖寶寶了。

又過了許多年後，才明白師生關係也有好幾重關卡要過，信任有深有淺甚至有類有別，唯有被嚴厲地考驗過才清楚到底自己走到了哪兒，也才知道下一門課該上甚麼。

師父說：說出去的功德會消失，並非不能說，而是說的當下被說的動機與態度染污了。真正的功德心，無瑕無滿，就好像真正的美人不覺得自己美，自然而然的怡然自在。功德可以說，盡情地說，只要妳能說服自己。

師父說：眾生與佛，互相成就，彼此共生。妳在穿梭生死的時候，有最開闊的機會，打造自己的壇城，即身成佛！維持意識清醒，很艱難，平常要累積慣性！若無法相信自己，就要抓住自己的神！

師父說：不要告訴別人我對妳說的話，雖然同樣的話別人也會說，但我對妳說的，起了作用～

尋找上師 師父說

第四章

傳承的意義

傳承，是條綿延不絕的江河，無始無終，卻又有始有終，由生生世世輪迴的誓願相續不斷，承接傳遞「覺知」的奧祕。

曾經因政治因素而到北京大學任教的台大哲學系教授陳鼓應先生，在介紹兩岸教育制度差異與學生的素質落差時，忍不住舉出代代相傳的認知沒落才是真正讓人憂心的癥結：「學術研究不是三天兩天就能夠交差了事的工作，任何一個思想的追蹤演義，都有一定的傳承脈絡，因此，我們在介紹學者的時候，一定會列出他的師承，以確認他的學術地位。即使是在相同的領域裡，也會因為師承不同，而演義出不同的學術方向，確認師承是對大師的尊敬，更是做研究的重要依據……」

如果妳曾經接受過藏傳佛教的灌頂，就知道每一位傳法的上師在灌頂前都會清楚交代自己的傳承以及法脈的傳承，這比甚麼都重要，若不知道歷代祖師爺的名號，就表示「延續」無效，所有的念誦不再具有意義，只不過是聽到一場演說罷了。

這就像是查閱族譜，至少知道爸爸媽媽是打哪兒來的，不然就會像個

> 藏族對「灌頂」趨之若鶩的真正原因，為的是去「開竅」，而不是一般人期望的「加持」或「結緣」。
>
> 當然，灌頂之後，若不參照祖師爺留下來的方法「細究」，這竅也白開了。

孤兒似地沒人認領。

我曾經聽過許多朋友提起：即使有幸撿到「武林祕笈」，若沒有師承或作者的允許，左看右看都看不懂。很奇特的經驗是多年來看不懂的深奧經書，若經有傳承的大師授與「口傳」認可，即使他只是在你面前念誦一遍而已，卻豁然開朗地怎麼看怎麼懂。這也是藏族對「灌頂」趨之若鶩的真正原因，為的是去「開竅」，而不是一般人期望的「加持」或「結緣」。

當然，灌頂之後，若不參照祖師爺留下來的方法「細究」，這竅也白開了。

有此一說，想偷懶的人，若接了灌頂，只要緊緊抱著祖師爺的大腿，每天叨念著歷代祖師的名號，就能抓著這些成就者的修行成果「吊車尾」，一塊兒開悟。

不相信嗎？只要看看那些愛拍馬的人總能升官發大財就知道了。不過，這並不是說大師們愛好別人拍馬，而是這些修行人個個發了大願：誓願救度眾生，若有人喊救命，能不伸出援手嗎？更何況是自己的徒子徒孫？

即便是藝術工作，也講究傳承，這表示大家努力的成果有了延續性的必要與光輝，累積效應的結果，再經過歷代大師們貢獻精華地重重修正，將創造出更結實的精緻作品，不怕舞台檢測，不畏懼群眾再三地鋒利校閱，可粗可細，可大可瑣碎，自在悠遊於長久長久以來建立的時光長河，呈現自然散溢的七彩光華，就像白光與虹霓的時空交錯，不得不吸引綿密的注視，這只有集合眾人智慧經過時間的淬煉才能展現的光芒。

號稱以凡夫之體即身成就的藏傳佛教大師密勒日巴（藏語意譯為一介布衣），都要依賴清楚的傳承才得以凡俗出身獲得即世修行證悟的成果……

這不是一人在一生的短短數十年裡所能打造的輝煌扉頁。

即使是號稱以凡夫之體即身成就的藏傳佛教大師密勒日巴（藏語意譯為一介布衣），都要依賴清楚的傳承才得以凡俗出身獲得即世修行證悟的成果，若沒有前輩大師們的修行經驗作依據，以及傳承所累積的力量，相信密勒日巴要面臨的辛苦就不僅僅於此了。

那麼，傳說中的傳承力量，是否真有其事呢？

姑且不論那些超越時空的神祕能源，是如何傳遞給子子孫孫，一如藏傳佛教的薩迦派既有轉世法脈亦有血脈傳承，世世代代都有鐵證如山的修行遺跡，這些寶貴的經驗，經由無私的修行者點點滴滴地轉遞給專一勤奮的弟子或子女，清楚地依循前人軌跡以尋找自己的根源，再延續這愈陳愈純的精髓。

我們只要觀察坊間的雜技或戲曲，就可以看到傳承的精華是如何錘鍊出光芒的了。

藏傳佛教的修行法脈之所以重要，除了修行經驗的累積，更集合了歷代祖師爺們一再地修正檢驗。畢竟，每個人的資歷背景各異，再加上時代變遷以及人類壽命長度的限制，前人智慧絕對有延續性的依存必要。

重視「延續性」是藏傳佛教的特質。

曾經到香港的離島寺廟裡參加過一個全程二十幾天的藏傳佛教法會，每天二十四小時地點蠟燭外，每個人都要不間斷地輪班念誦經文，否則

藏傳佛教的修行法脈之所以重要，除了修行經驗的累積，更集合了歷代祖師爺們一再地修正檢驗

前功盡棄。那時，既要排班打雜揮汗侍候茶水，又要輪值點蠟燭、念誦經文，還不忘在早課前把全身的臭汗洗乾淨，每天睡不到四小時，活生生練就出一邊點頭瞌睡一邊誦經的本事，偶而醒過來，差點兒沒被自己笑死。有回，正進入夢鄉，快要停嘴的時候，就被師父潑了一身的冰水。師父每天都要三申五令地宣說「延續性」的重要，否則，只要一間斷，就全部變成做白工，不但要重新來過，甚至對傳承造成傷害。

我的太極拳老師的老師的老師找到他的老師的過程相當傳奇，原本修練陳家、楊家太極拳，後來發現過度兇猛，一經出手，非死即傷，能放不能收，正徬徨之際，遇見了一位只收單傳弟子的太極拳老師傳授他收發自如的太極拳，而他手上就有清楚列名的傳承，入門的儀式一如各門各派，必須頂禮叩首詳記歷代祖師爺的名號，當然，也有幾項不可踰越的規矩，所謂「傳承的精神」就端賴這些臭規矩延續，接受與否，自己審慎考量。

據說，而且是根據好幾位大師們一再強調的說法：傳承不斷，就可以無限累積能量，所有承接法脈的人都可以受惠。也就是說，你頂禮的名單愈長，你的學習助力就愈廣博強壯，如果回回練習前都先呼喚歷代祖師爺的名號，這一長串的長輩們都會送你無限的力道，想要抽取傳承精華就輕鬆愉快多了。這種馬屁，實在拍得太值得，就像在家裡跟爺爺奶奶撒嬌一樣，永遠可以得逞。

其實，許多人看似神祕的梵文或藏文咒語裡，大部分都是一堆佛菩薩或大師們的名號或別號，只要專注誠信地念誦，這些發了大願的祖師爺想不幫你都難，這是傳承的奇妙力量，既是取巧，更是一種基本的學習禮貌。

幾乎所有的經典都會一再強調呼喊佛菩薩名號的好處，《金剛經》中明確記載著念誦的結果：「須菩提，當來之世，若有善男子善女人，能

你頂禮的名單愈長，
你的學習助力就愈廣博強
壯，
如果回回練習前都先呼喚
歷代祖師爺的名號，
這一長串的長輩們都會送
你無限的力道……

於此經受持讀誦，即為如來，以佛智慧，悉知是人，悉見是人，皆得成就無量無邊功德。」這是多麼大的承諾與背書啊！

我所認識的大師們，沒有一位說不出自己的傳承，或者更嚴重的是每兩句話就要提一下祖師的名號或訓示，幾幾乎養成了不念就不順暢的習慣，念了才舒坦，如同有人默默背書畫押似地，彷彿祖師爺們在旁，就不會出錯，可以無憂無慮地大放厥詞，不論怎麼表現都不會踰矩，講得白一點，就是拿祖師爺當護法用了。

每一位有信仰的人，都很清楚知道呼喚自己信仰對象所賦予的神奇力量，甚至許多人經驗著這樣的「神力」，否則，宗教組織為何如此容易就聚眾成城呢！

好吧！如果你要排拒「視覺」不可考的傳承力量，至少，做個有禮貌的學生，謹記那留下生命經驗的老師們姓啥叫啥，就像是知道自己父母名字一樣，做個安心的乖寶寶，有何不可！這是最基本的生活態度。

我聽過這樣的恐嚇：「沒有祖師爺的允許，也就是傳承的加持，修得不好算運氣，要勤奮起來，很容易就瘋了。」所謂的「走火入魔」是也。

師父說：別用有色的眼睛看別人，給自己打造堅不可摧的牢籠，你有更廣闊的天空要忙。

師父說：妳看到的是乞討還是修行？這只能代表妳當下的心境，與事實無關。而我，只想著佈施有功德，然後忘了功德。至於被佈施的人，即將消失於天地之間，妳的在意與不在意，都不會影響他存在的一瞬間。

師父說：無論是否相信，輪迴轉世就在那裡，有些人記得，大部分人會忘記。記得的人，也許幸運，卻多半更辛苦。他們在剛出生時，眼睛有光，靈魂是閃亮的，直到越來越多強加的仰望而失去光澤。能躲過人世間染污的存在，幾乎無法存在下去。唯一能做的，不是去除染污，而是理所當然地做個恰如其分的過客，鍛鍊自己無二無別的本能。

第五章

自我檢測

檢測，有如千變萬化的照妖鏡，裡裡外外地裸裎，徹底又俐落地淨化層層疊疊積存的情緒毒素，心甘情願走上「覺知」的大道。

有了師承，並不代表拿到胡作非為的免死金牌，因為你所製造的產品與垃圾，遲早都要回收，很多生米煮成熟飯的事件，是沒有再生條件的，尤其是全自動記錄的「業」，你的「業」連佛菩薩都無法用修正液塗改，更不用說那很倒楣撿到你做功課的老師了。

即使神仙說：「心想事成！」你也得要弄清楚：「心中的願望是甚麼？」

這問題看似簡單，卻難得要命，有許多坊間笑話都在調侃我們朝思暮想的「願望」，最傳神的隱喻應該屬荒島上三個人的神燈許願，最後又都回到了原點，因為第四個人在思索：「美眷、財富、逸樂真的是人生的終極目標嗎？」這被放逐到荒島上的四個人好比被切割成四片的我，始終掙扎漂浮在人云亦云的價值觀裡，時不時都要問自己或問別人：「快樂嗎？幸福嗎？」彷彿不抓住某個幸福的柱子，就會淹沒在人世間似地。

我真的需要幸福或圓滿
嗎？
相信所有人的答案都是
YES，
若問：
誰是你的幸福？
卻很少人答得出來，
就算你能夠爽快地答覆，
也很難維繫這基礎不太堅
固的願望，

我真的需要幸福或圓滿嗎？

相信所有人的答案都是YES，若問：誰是你的幸福？卻很少人答得出來，就算你能夠爽快地答覆，也很難維繫這基礎不太堅固的願望，因為你會改變，不是外在的變化，是念頭，每秒鐘不知有幾萬個念頭在跳躍，你要如何取捨？你的視覺、味覺、觸覺、聽覺、嗅覺都會提出意見，即使大家達成協議之後，你又會因為某個不屬於覺知部分的理由而推翻定論，以迅雷不及掩耳的手法翻案。

哪兒才是你要去的樂土或天堂？

我們所相信的認知，都來自於教育，從小被周圍的父母、親人、好友、老師甚至敵人洗腦：無憂無慮地擁有一切人人想要的東西，就是最高的幸福，四季飄香的淨土是人人渴望的天堂。

其實，我們所定義的幸福，並不難打造，問題出在抵達目的地之後的詫異與沮喪，不！別誤會，我們並沒有走錯路，而是，身體裡的某一根筋會突然冒出來抗議：我不要這個顏色！抵死不從！我搞錯了，我當初的想法有問題?!

看設計師與業主常常發生不可理喻的糾紛，就是最好的範例。

這並非雙方沒有溝通清楚，實在是我們的念頭太多，擠爆了長期未經整理的資料庫，因此經常當機而不自覺。

禪定就是用來對治這種滑稽狀態的。

> 當我們在尋找大師之際，
> 眼睛緊盯著目標，
> 完完全全忽略了自己的目的。
> 不！
> 比較精確的說法是：
> 找到目標後，
> 才發現忘了自己的原始目的。

初階的禪定，都是先一條條地找出這些東竄西逃的念頭，再逐漸催眠擺平這群不好惹又精力旺盛的猴子，越過這些雜亂紛紜的念頭之後，好似逃離戰場，心裡彷彿平靜舒坦多了，卻發現自己腳踏廢墟般地失落，暗罵：「是哪個該死的導遊把我丟進一片荒野？」對老師信誓旦旦的忠誠維持不到幾小時就中箭落馬，費好大的功夫才說服成功，搖搖擺擺地重新上路。天知道，這樣的遊戲能維繫多少天或多少年。

最大的癥結出在我們的眼睛始終很難看到自己。

當我們在尋找大師之際，眼睛緊盯著目標，完完全全忽略了自己的目的。不！比較精確的說法是：找到目標後，才發現忘了自己的原始目的。

是啊！我們為甚麼需要大師？想獲得卓越的知識？享受更美好的人

生？脫離痛苦？找到快樂的源頭？或者尋找生命的意義？還是，更離譜一點，把問題直接丟給大師來煩惱，他老人家說甚麼是甚麼，一切責任當然由他擔當。

還以為找到大師後，就彷彿一切的人生重擔可以脫卸下來，全部丟給「大師」去思考，我們的腦子緊跟著打烊。天知道我們所憂慮的難題是否值得一哂，丟給大師的要真是個難題就罷了，怕是不明包裹，當眾打開來才發現是發臭的內衣褲，就糗大了。

就算是真遇到了神仙，我們確切知道自己想要甚麼嗎？一如那些撿到神燈的故事，一再地提醒我們：天降黃金也無法拯救人類內心的貧瘠，因為我們不知道自己要的是啃不動的黃金，還是閃耀炫目的黃金歲月，急死那想要滿願的神仙，也不能幫助你思考：終究我要的是甚麼？

就算是真遇到了神仙，
我們確切知道自己想要甚麼嗎？
一如那些撿到神燈的故事，
一再地提醒我們：
天降黃金也無法拯救人類內心的貧瘠……

曾經有位老師告訴我：「你知道任何願望都可以用念力實現嗎？」我面無表情地瞪著他，他緊接著說：「只有一個條件，就是守著你的願望。」

在許願之前，必須想清楚自己是否千真萬確地要定了這個願望，譬如：我想中頭獎，這樣我就可以領取一大筆獎金。然後呢？繼續想下去，我拿了這筆獎金以後，就可以如此這般地過日子，然而，仔細一想，這真是我希望的生活嗎？其實，若當真如此，不需要中獎，我也可以辦得到呀！於是，願望就不斷地修正，想盡辦法找出那做不到又非常希望藉由超自然能力實現的願望，一直到累了為止，都還沒鬧清楚我到底想要甚麼。

守著你的願望，是件看來簡單卻極端困難的工作。

找到老師，是好幾輩子修來的福氣，沒想清楚就闖進去，十分可惜。

就好像妳一直期待有機會拜訪偶像，渴望問一個十分簡單的愚蠢問題，那會讓人莫名地快樂很久，妳卻不小心在路上遇到了，毫無準備，情急之下，妳只能對著偶像傻笑，於是，妳再也沒有機會了。如果，妳真的珍惜這個「問題」，它就會深深地烙印在腦海裡，任何時候都可以跳出來，妳就絕不會錯過任何一閃即逝的機會。

因此，「守著你的願望」的確是如願的先機。

在藏傳佛教非常重視的生死度亡法裡，就很明白地強調重複練習「專注」的重要性，因為當人的靈魂進入死亡後與再出生之前的中陰身時，非常脆弱徬徨，很容易無限期地迷失。如果平時養成專注與信任的好習慣，到時候，就算自己功夫不夠，也能借助大師的力量超度。否則，就算別人想搭救，卻因為自己的虛弱與不信任而無法接收，只能眼睜睜地看著自己神識飄蕩。

從許願的角度來看，
的確是的，
只要你沒有想清楚自己真正的願望是甚麼，
任何大師站在你面前都不會是對的。

在沒有自我檢測的情形之下去拜訪大師，要不是問錯問題，就是發錯願望，未能如願，常常不是因為大師不靈光，或者師父小氣。發願的人語無倫次，就像是電腦忘了插電以為是當機一樣，多半是不用心的人常犯的老毛病。許多人失去了許願的機會，還以為拿到的是破神燈，直怨自己拜錯了大師。

從許願的角度來看，的確是的，只要你沒有想清楚自己真正的願望是甚麼，任何大師站在你面前都不會是對的。他也許能夠建議你如何許願，卻不能替你許願，而你也不會接受，甚至看不出大師的建議是否出於全盤的考量，因為你相信他不是你，無法替代你的思維去做決定。

這也是藏傳佛教非常重視「上師相應法」的原因，讓你進入大師的思維，看見彼此，達到同步邏輯的「融合」境界，才可能產生純質的信任。

師父說：妳感受多一分的敏銳，來自於妳對周遭人事物的悲憫，這便是因果的一種。妳的感知，在每多一點的願意便增一成的銳利，這期間的功德成長，便是智慧的累積。

師父說：妳也許有許多的不如意，卻也有很多可以發現的樂趣，有冥想習慣的人，都能在一片葉子裡看見宇宙星空以及妳嚮往的世界，不要被自己的懶惰綁架，也不要浪費力氣找藉口，數不盡的快樂等著妳看見。

師父說：幸福，是一生，痛苦亦若是。幸福，是致癌調味料，如戒不掉的糖果；痛，讓妳維持清醒，苦，是覺知的鑰匙。幸福的佛陀，看到並品嚐了苦與痛之後，得到證悟。差別在於，佛是主動，我們很被動。

師父說：定好方向，如發願，於是，無論妳是多麼慌亂無助徬徨無知，都能在自己的覺知中，品味出點點滴滴累積的功德。因為點點，因為滴滴，妳才明白感恩的真諦。

第六章

上師相應與相映

與上師相應，是「覺知」的起始，與上師相映，是「覺知」的成果。

把自己變成一個透明無瑕的人，的確是一件了不起的大工程，當我們好不容易藉由各種修行方法或苦刑的整治，徹底將自己打掃乾淨，常常會誤以為：我得道了！

不過，這也沒甚麼好害羞的，獎勵一下進步中的我，不算罪過。只怕你陷入自我陶醉的深井裡，逃不出來，就慘了！

這也是我們需要老師的重要原因之一。暈眩的時候，有人即時告訴你如何脫離自我綑綁的困境，以免摔進魔考的深淵，比救命的恩德更甚。但你必須在探險之前建立堅固的信賴關係，否則生死存亡之際，如何知道他是救你的菩薩，還是落井下石的魔鬼？

因為老師可能會把剛剛洗乾淨的你丟進惡臭沖天的糞坑?!而魔鬼會在你自恃超越時空之時，為你裝上翱翔的雙翼?!

老師可能會把剛剛洗乾淨的你丟進惡臭沖天的糞坑?!

而魔鬼會在你自恃超越時空之時，為你裝上翱翔的雙翼。

你以為這很容易分辨，抱歉！沒有經過千錘百鍊的關係，是很難彼此信賴的，畢竟，你的老師也是個凡人，跟你一樣需要吃喝拉撒睡，你眼中造就的神，在生活中是個貨真價實的凡夫俗子。看不破這一點，永遠找不到你的老師，即使他故意在你身邊晃來晃去千百趟，也衝不過那轉念之間的鴻溝。

除非你有本事將魔與佛同等視為無二無別的增上緣。

不管是學甚麼，或者用甚麼樣的方式學習，那個有緣讓我們效法的對象就是老師，不論你是否懂得尊師重道，都無法抹煞這師生關係存在的事實。

沒有老師，我們連讀書寫字，怎麼吃飯都不會，就別提如何認識這廣大無邊的浩瀚宇宙了。傳遞知識給我們的便是老師，不論好壞，都是糧食，如何取捨，要看我們的消化系統是否協調良好，吃下去的時間次序對不對，基本上，跟食物來源關係不大，毒藥也可以是救命的良藥，好老師就像是神醫一樣，診斷精準，下藥才能隨心所欲、藥到病除。

《金剛經》中釋迦牟尼佛說：「如來說一切法皆是佛法，須菩提，所言一切法者，即非一切法，是故名一切法。」

這話有多重意義，六祖的解釋是：「能於諸法，心無取捨，亦無能所……心常空寂，故知一切法皆是佛法。恐迷者貪著，一切生為佛法，為遣此病……」簡單地說，意即吸收所有的知識，都還原到本來的面目，不擅加妄解，來去自如，不執著貪迷於特定的角落，就能夠明白「法」即包含一切，無是非善惡之別，更無任何實際的落塵，如心經所言：「諸法空相，不生不滅不垢不淨不增不減……」

毒藥也可以是救命的良藥，
好老師就像是神醫一樣，
診斷精準，
下藥才能隨心所欲、
藥到病除。

如果你是個藏傳佛教裡的認真學生，應該記得每次參加法會一再重複的重點：「『觀想』老師如同佛菩薩，無任何分別，再向其頂禮，接受法教，向其供養身、口與意致謝，一如禮佛。」做不到如實關照，這個法如過耳風，有吹沒有起作用。

《心經》裡有幾句費解的對稱：「……諸法空相不生不滅不垢不淨不增不減……」《金剛經》中剛好有精準的對應解答：「佛告須菩提，凡所有相皆是虛妄，若見諸相非相，即見如來。」

受困於老師呈現的形象者，不妨把這兩部很短的經書早晚背誦幾遍，很快就能掃除腦中的心霾。

「無我相，無人相，無眾生相，無壽者相。」在《金剛經》中出現多次，六祖惠能大師的解釋是「輕慢一切人名我相，不行普敬名人相，好事歸己惡事施於人名眾生相，對境取捨分別名壽者相。有四相即是眾生，無四相即是佛也。』而老師們給我的解釋是：「除去分別心，即成佛之時。」也就是說，當老師能夠同時接受珍饈與糞便而不變色之時，做學生的若能視乞丐為佛，便處處是淨土了。

我自己被諸位老師各種名相多年折磨之後的理解則是：「真正的好老師，或者更貼切的說法是與你有緣分契合的老師，會在精確的時刻逮到你的轉折點，毫不留情地重打你一棒，每當你疊床架屋地蓋好一座賞心悅目的城堡，他連一秒鐘都不讓你享受地立刻搗爛，才不管你是否會哭得死去活來。」你若能承受才得持續，否則就算老師有一萬個意願傳法於你，也無能抓你回來受教。

如是，才有可能進入「上師相應」的磨練階段。

與你有緣分契合的老師，
會在精確的時刻逮到你的
轉折點，
毫不留情地重打你一棒，
每當你疊床架屋地蓋好一
座賞心悅目的城堡，
他連一秒鐘都不讓你享受
地立刻搗爛。

先別產生將獲大法的妄念，《金剛經》中，佛一再地用各種方式問已得阿羅漢果位的須菩提：「如來有所說法耶？」佛告須菩提：「……如來常說，汝等比丘，知我說法，如筏喻者，法尚應捨，何況非法。……如來所說法，皆不可取，不可說，非法非非法。」不論是須陀洹（逆生死流，不染六塵）、斯陀含（三界結盡故名一往來而實無往來）、阿那含（出欲不還以欲習永盡）、阿羅漢（諸漏已盡無復煩惱，心無生滅去來，唯有本覺常照）、阿蘭那（無諍行）等果位，甚至如來在本師燃燈佛前亦無所得。因為渡船乃為到彼岸，到了彼岸，就再也不需要這筏了。

問答完了這一長串，須菩提……涕淚悲泣，多生侍奉諸佛，並且已經證得阿羅漢果位的須菩提，是五百位弟子中善解空性第一人，仍悲昔日未悟此經深意，如今方悟佛意。佛在《金剛經》裡以循序漸進的方式解說「無住」、「無相」。釋迦牟尼佛與須菩提師生之間的關係互相輝映出既浩瀚又悲柔的光影，許多可見的多生學習歷史亦在簡短的幾句話之間了了分明道出，這要經歷多少劫的磨練啊！讀者亦忍不住陪著悲悽。

想起十多年前，第一次接受灌頂，忽然發現自己不小心發了一個做不到的誓願AB菩提心，等我搞清楚菩提心是誓願救度一切眾生時，嚇得好幾天睡不著覺，後來鼓起勇氣告訴老師：「我可不可以把這菩提心還給您？」老師看也不看我一眼地冷笑：「擱著吧！」多年來，聽過不少講解，慢慢認識一些宗教圈的專有名詞，卻不甚了了，直到去年老師講到菩薩們所發的誓願，用各式各樣的計算方式都無法測量，我才突然想起那被遺忘的菩提心，曾幾何時悄悄地出現，頓時淚流滿面。相信我，當時我若磕一萬個頭，都不足以表達我的感謝。

師生之間的心心相印，無有為法，如佛言：「應無所住而生其心。」

師生之間的心心相印，
無有為法，
如佛言：
「應無所住而生其心。」

在藏傳佛教的寧瑪派大師中，努修堪仁波切是我相當喜愛的一位長者，只是一直沒有師生的緣分。約三年多前遷新居，我邀他老人家便飯，想沾沾福氣，飯後老人家照慣例問我是否要提問題，我告以：「有榮幸讓您到寒舍便餐已很滿足。」當時腦中一片空白，問不出甚麼有學問的話，只是看著他老人家就覺得很幸福。未料，老人家竟然頑皮地眨眼微笑：「是不是在上『中觀』課，所以沒問題呀！」被老人一激，忽起頑心：「哪兒話！中觀講個不停，話太多了，不像寧瑪派甚麼都不用說，通通都在裡面冒出來，要甚麼有甚麼。」老人聞言哈哈大笑：「謝謝！」這一瞬間，他成了我的老師，心裡好感謝。這也是我最後一次見到老人家，翌年他就往生了。

中觀重視的是邏輯辨析，藉由理則思考檢視內在的宇宙觀。藏傳佛教裡的寧瑪派則講究實修，一切不在言傳中，當年，努修堪仁波切容許我如此放肆地詮釋我眼中的佛學思想，無異是給我上了一門深具啟發的課。

我曾經鬧過一個笑話，有回被逼著去幫我的皈依上師堪布阿貝仁波切翻譯「四伽行」，期間長達兩個月，我則因為對佛法經典一竅不通，平時又懶惰而疏於涉獵，才會一再推託。沒想到，老師的解釋如此精細，讓人大開眼界。「四伽行」講解的最後一天，我以為要延期，因為講得太細，最後的「上師相應法」一直沒機會上場，直到老師致答謝詞，我才忍不住小心翼翼地提問：「您好像漏了『上師相應法』還沒講？」他老人家溫柔地看著我：「我從頭到尾都在講『上師相應法』呀！」當場引起哄堂大笑。這堂課，畢生難忘。

每個人一生當中都會有許多的老師，有的緣分淺，也有終生為師的。只要心在那兒，老師們的精神與光輝都會隨時相伴。

「時時勤拂拭」與「何處惹塵埃」這兩個經典名句同等重要，前者適用於遇見大師之前，後者則是遇見大師之後。沒有「時時勤拂拭」的功

與上師相應的感覺，
就像是互相閱讀對方的記憶體，
不需任何的文字介面，
更不需要打招呼，
彌久彌堅，
映照出月光的暖厚溫煦。

夫，很難得見大師光華，若無法體會「何處惹塵埃」，上師相應法永遠也進不了你的腦海裡。

與上師相應的感覺，就像是互相閱讀對方的記憶體，不需任何的文字介面，更不需要打招呼，彌久彌堅，映照出月光的暖厚溫煦。

然而，這樣的關係，卻是一再被鎚打，層層剝皮後的成果。

我有一位已過世的好友曾經告知：「不要羨慕我能夠朝夕與老師相伴，我最感謝老師的部分是他讓我真正嚐到『苦』的滋味兒……」出生富裕，自小無憂無慮又聰慧美麗的老友，侍奉老師的忠誠比古代君臣有過之無不及，每回想到老師修理她的方式，都會教人噤若寒蟬。但是，每個人都看得到她愈來愈明亮的光華與無法言喻的超越。

常說：「看不懂師父的道行，從門生的質地便可窺視一二。」這就是上師相應反射出的相映。

我在學法文，大約半世紀前只學過二個月，然後看了很多法國電影，再也沒有正式好好學，一直想著就過了許多年，到底還是採取行動圓滿小願望。

師父說：妳喜歡巴黎嗎？我更喜歡紐約，亂糟糟地包容一切，看似毫無章法地粗魯，卻沒有巴黎的文化傲慢，而偏偏臥虎藏龍。妳永遠不會知道，隨隨便便的角落裡，就有個蓬頭垢面的數學家，或者身穿彩虹衣的音樂家。在這裡，無論貧窮與富貴，誰也無法瞧不上誰，妳就是妳，獨一無二。

師父說：我其實是喜歡巴黎的！最喜歡他們的傲慢，很典雅，粗魯不起來。尤其是巴黎的女人，總把自己打扮得賞心悅目，卻讓人乍看之下自然不造作，彷彿什麼也沒做就出門了。在巴黎街頭，最熱鬧的風景是人，各種抬頭挺胸的方式，值得妳學習，那是一種與生俱來的自我認可。

第七章

上師在皈依三寶之上？

頂戴上師，是「覺知」的寶鑰，沒有這把金鑰匙，任何通往修行的道路都是封閉或窒礙難行的崎嶇之路。

我們能夠意識到的一切，都是別人傳遞給我們的，因此不論優劣善惡，這些傳遞者都是我們的老師。至於，穿越生命真相認識自我的歸途，則需要堅忍卓絕又鍥而不捨的老師，這自然要比佛法僧三寶都重要得多了，沒有老師，就不會有認識三寶的機會。

由於自始建立的善惡分別心，讓我們有所取捨，於醜惡者避之唯恐不及，對美輪美奐的宮殿趨之若鶩。更別提「佛所說法」，自然是有一分體悟就如同登上天堂般興奮，想要快快離開往昔的「不潔」。這一動念間，頓時落入另一個自我打造的地獄，習氣已成，很難拔出。輕者，貪戀寂靜的舒坦，重者，目空一切，有時，甚至護衛我們的老師也叫他消失，當場連救命恩人都被關起來而無法發揮作用，如果老師不堅持捨命救到底，我們不知道會趕跑多少個可憐的老師？

這也是藏傳佛教在皈依境裡，將上師放在一切之上的原因，因為老師

這一動念間，
頓時落入另一個自我打造的地獄，
習氣已成，
很難拔出。
輕者，
貪戀寂靜的舒坦，
重者，
目空一切……

不僅是將法傳給我們的菩薩或神仙，更是我們修行道上或者行走人生的鎮山之寶，沒有這重保障，學得愈多愈危險。

其實，在學術界，也有同樣的說法，台大哲研所陳鼓應教授就常常感嘆：「做學術研究就像是在大海裡航行，很容易沉迷而失去方向，如果有自己的老師在旁指點，就會省卻很多冤枉路。愈老愈思念起老師當年的呵護，師生關係情同父子，果然不假，我想念老師們的程度甚至超過自己的父親。當年有許多的好老師可以參拜，真是幸福啊！」

我記得第一次皈依師父時，老人家教我念的是皈依三寶（佛法僧，佛是未來的我，法是到彼岸的方式，僧是這趟旅程的伴侶），隔了許久，才勉強地傳給我皈依上師、皈依三寶的四偈句。先前是不能拒絕的普施教法，他是出家人，不能不傳；後者則是正式收我為徒，彼此都要擔當責任風險，一旦學習路程中出了任何狀況，他都必須捨命救我，當然得想久一點（像我這麼賴皮又懶惰的學生，恐怕是終生以辦教育為職志的老師畢生僅見）。

我有一位經常到世界各地傳法的頑皮老師，常常受困於學生提出的問題：「您可否收我做徒弟？」他總是顧左右而言他，不直接答覆，被逼得急了，就乾脆說：「這就好像逼婚，明明我就不喜歡那送上門的準新娘，卻被押著要舉行婚禮，豈不可憐？你們就行行好，饒了我吧！」

我絕對相信資深佛教徒們一定會抗議，這老師發的菩提心、菩薩誓願上哪兒去了，怎麼可以拒收學生？

其實，這老師從來沒有拒絕過，否則也不會經常上台說法。只是當學生提出這樣的問題時，心裡想的是：「我正式拜師，就會得到比別人能夠學到的多，老師肚子裡一定藏了甚麼甚深殊勝密法，只給自己的徒弟

如果如實地將上師頂在腦
袋上，
當作佛菩薩或者神仙一樣
地禮敬，
就算妳遠在天涯海角，
老師也相伴相隨，
何須哀求？
只怕妳心中求的是與「明
星」共處一室……

學。而且，老師收我做徒弟，就算我不認真修行，出了亂子，也有人頂著。」這是標準的敗家子思維，天塌了，自有那富裕的老子去扛，我們可以好好地享樂，讓道行高的人去努力就行了。

我自己和許多的朋友們，常常動這種鬼腦筋。真的！

在藏傳佛教的領域裡，甚至任何宗教信仰，如果如實地將上師頂在腦袋上，當作佛菩薩或者神仙一樣地禮敬，就算妳遠在天涯海角，老師也相伴相隨，何須哀求？只怕妳心中求的是與「明星」共處一室，任誰也想逃。

不管有沒有信仰，或者是不是傳道授業，有知識的人絕對是好為人師，哪有人願意學習而被拒絕的，除非你居心叵測，要不就是線路沒對準，雞同鴨講，怎麼說都聽不進去，收了也枉然。

老師常說：「師生之間有一定的業緣，不能勉強，就算我願意收，沒緣分的學生還是會自己跑掉，又何必浪費彼此的時間，我的時間已經很不夠用了，沒空陪你們慢慢玩。」話雖如此，真有人賴上了，他也不敢不收，只是你有沒有本事黏住罷了。因為黏得愈緊愈痛，就好像去看醫生，好醫生都是逮個正著，抓住痛點緊追不放，若怕痛而逃離現場，這病就甭治了，前面的痛也白痛一場。或者，過不了多久，大師狂想曲演奏完畢，你的三分鐘熱情消失，自然就不需要逼婚，只剩下那悵然若失的新郎。

我們可以做個小小實驗，因為太平久安，現在滿街的孩子都長得很可愛，粉嫩粉嫩地聰明伶俐，眼神水亮亮地精明，你只要遇上任何一個，就對著那孩子極盡能事地表現諂媚：「好可愛噢！」全心全意地盯著那孩子：「你為甚麼長得這麼可愛？」保證那孩子一定會立刻眉開眼笑地報以熱情，甚至送你一個飛吻，即使是嬰兒都會開花似地展現笑容，根

「師生之間有一定的業緣，
不能勉強，
就算我願意收，
沒緣分的學生還是會自己
跑掉，
又何必浪費彼此的時間，
我的時間已經很不夠用
了，
沒空陪你們慢慢玩。」

本不在乎你是不是陌生人。那就別提這些小有些許自大狂的「大師」們了，沒有人受不起參拜，除非來者是不懷好意的小魔頭，他老人家本事有限，受不起踢館，更無法接受鬧場，當然是能避免就回絕，自家生的討債鬼就罷了，何必好端端地招個小搗蛋進門。

做老師很辛苦，不同層級有不同的考驗，相信每個老師都有自己的甘苦談。教幼稚園的，每天都要跟一群不知天高地厚的小魔鬼奮鬥；小學生每個小時都有意想不到的疑問；中學生是說甚麼反甚麼；大學生開始藐視老師的存在，卻又被迫黏著老師拿學分，就好像那些不得不把宗教信仰帶在頭上的懶學生，怕進地獄卻又懶得爬上天堂；到了研究生程度更危險，所有的問題都隱藏在不知不覺的管線裡，師生之間若互不信賴，可是危機重重呢！在信仰裡教育眾生的老師，要擔待的就不僅止於知識上的短期責任而已，一旦建立師生關係承諾，卻是不論學生受教與否，都必須捨命陪君子地奉陪到底，直到學生堅強地走上修行大道。

如此勞苦功高的老師，怎能不放在三寶之上呢！

人與佛無異本有五眼，六祖的解釋為：初除迷心為肉眼，見眾生起憐憫心為天眼，痴心不生名慧眼，著法心除為法眼，細惑永盡而圓明遍照能生一切法名佛眼。老師的責任是將學生的迷惑除盡，展現佛性本質，這過程所要吃的苦頭，恐怕不比學生少，若不是發了大誓願，誰敢做老師？

一個願意大大方方踩在三寶之上為人說法的老師，我們將他老老實實地放在頭頂之上，才能穩穩當當地走進到彼岸的海洋裡漂流。

至於，他要不要收你做徒弟這樣的問題，對一個愛說法的老師來說，是一項很大的屈辱，因為「誓願救度眾生」才可能走上法台弘法，怎可

頂戴上師不難，
小心別把老人家摔下來，
則需要點兒功夫。
我們的七情六欲，
以及來自各個不同方向的
力量都在想方設法地將之
拉下馬……

能拒收徒弟？這就等於告訴大家，他說了半天都在放屁，那個死要做徒弟的人根本就沒聽進去，這一生東奔西跑地幾百小時演講都好像付諸流水，甚至，當場被貼上「違背誓言」的罪狀。那到底是誰不願意結婚呢？恐怕是大家對「結婚」這件事的定義有很大的爭議罷了！相信許多人遲遲未婚，怕的並非結婚，而是那叫人難堪的「離婚」。許多老師不敢收的學生，就是那種容易衝動又很喜歡「離婚」的族群。

頂戴上師不難，小心別把老人家摔下來，則需要點兒功夫。我們的七情六欲，以及來自各個不同方向的力量都在想方設法地將之拉下馬，甚至老人家坐得不舒坦也常想要逃跑，雖說誓願滿滿，畢竟老師也是凡夫之身，要說全然沒有喜惡的分別心，著實強人所難，遇到麻煩多多的學生，很難教人不逃。頂戴上師！怎麼端著，彼此走著瞧。

師父說：緣份不可思議，妳永遠不會知道從陌生人變成朋友，經歷了多少世累積的親緣，在妳身邊的朋友，很可能是好幾世的父母。人與人之間，沒有無緣無故的相遇。

師父說：珍惜每次的相遇，畢竟回回都是一期一會，無論如何，沒有無緣無故的遇見，有緣即有業，彼此牽引，互為佛法僧。每一次，都是僅有的一次幸運，妳知道，理解，便擁有了。

師父說：朋友很重要！如僧寶！而被妳歸類為「非」朋友的人也很重要！！能相遇，便有業緣，妳無法否認更做不到迴避，想要洗清，唯有溫柔巧妙地直面，很艱難卻也有驚喜的時刻，不妨一試，畢竟善待別人恰恰是自己最好的福報，妳有多少真誠便是多少資糧。

師父說：佛法僧三寶裡最重要的，是僧，既是同修亦是玩伴，如同婚禮上宣誓的，無論貧窮與病痛都能彼此扶持到老的伴侶，而僧能陪你直到證悟，彼此激勵互為警戒，甚至揉合了善緣與惡緣，齊頭並進地拉扯你向前走，懈怠時的懸樑，傲嬌時的鏡子，都是你絕對不能錯過的僧，亦師亦友亦法侶。

師父說：緣份不可思議，卻是妳經歷了多少劫累積的因緣，是妳應得的，更是妳需要細細再體驗的。朋友是僧寶，雖然是第三寶，卻是人生中最重要的寶藏。

第八章

修心剃刀邊緣

修心，如同與心魔打交道，一切幻境如實應召，若非已達『覺知』的導師指引，便如遊走剃刀邊緣險境，隨時堪虞。

「應無所住而生其心」，看來簡單，卻是最豐富的目標。這也是另一種「解脫」的詮釋，做到「應無所住」，等於達到了真正的自由，進而「生其心」，則是包羅萬象，為所欲為了。既能夠瞬間變生萬物，又能夠絲毫不貪著，來去自如，遊走於虛實之間，而非虛非實，豈不逍遙。

經典上，有許多這樣的故事，不論是龍樹菩薩或密勒日巴等與我們較接近的大師們，個個都經歷過老師「建築」與「破壞」的來回折磨。為了打掉我們頑固的執著，甚麼大榔頭都拿得出來。

就拿我自己的老師來說吧！記得十多年前，忽然被叫進老師的房間充當翻譯，我很少見到他如此疾言厲色，那提問題的婦人其實是懂英文的，只是老師故意另找翻譯以示不滿，甚至是強調那人「聽不懂」。因為問者不斷敘述自己的修行如何遇到各種神奇鬼怪的現象又如何異常天雷地動，每回打坐，整個佛堂都在大地震，硬逼著老師解釋原因。老師唯一

不論是龍樹菩薩或密勒日巴等與我們較接近的大師們，個個都經歷過老師「建築」與「破壞」的來回折磨。為了打掉我們頑固的執著，甚麼大榔頭都拿得出來。

的答覆是：「一切如夢似幻！」他說：「就算佛菩薩到了你面前，讓妳摸到衣角，甚至握到有肌膚有溫度的手，都不是真的，妳必須立刻讓自己醒過來，否則任誰也救不了妳。」

接著，老師很不情願地拿自己做範例：「我現在告訴妳一個祕密，妳不可以告訴別人噢！我從來都沒有講過，現在告訴妳，讓我的老師知道我洩密，我就倒大楣了。妳聽好，我絕不再重複！我很小的時候，大概十歲左右，老師讓我每天在佛堂裡對著佛龕修法，就是看著一個空盆子念咒，一直要念到盆子裝滿水。我足足修了兩個月，都快要悶死了，一滴水也沒有冒出來，忽然有一天早上，面前的空盆溢滿了水，我興奮得跳起來，立刻端著盆子跑去見老師，沒想到當場被老師臭罵一頓，還把我辛苦修的那盆水給打翻了。」老師瞪著那眼睛睜得大大的婦人大吼：「妳聽懂了嗎？以後不許來告訴我，妳又看到了甚麼，更不可以告訴任何人，否則妳就白做功課了。」

老師說：「見魔是魔，見佛也是魔！」要是那人修到幻境，知道是幻相還好，若修出「實景」實像，更危險！老師緊接著邊說邊扮鬼臉：「哪！妳若修到幻影，至少還會消失，要修出了一尊大菩薩，他賴著不走，妳怎麼辦？不瘋了才怪！」

平常不太嚴肅的老師，這回皺著眉頭強調：世界上貪心的瘋子真不少，沒本事還算好，要真讓他們修出一點甚麼，那才是災難的開始呢！害死自己不打緊，可不知要墮落幾輩子才醒得過來。

在藏傳佛教的世界裡，這種瘋子特別多。

因為藏傳佛教的儀軌繁複多樣，幾乎每一項都對應著生命的欲望與貪戀，譬如長壽法、財神法、除障法等等，許多籌備費時費事的法事都是

老師說：
「見魔是魔，
見佛也是魔！」
要是那人修到幻境，
知道是幻相還好，
若修出「實景」實像，
更危險！

在解決困境並滿足需要，甚至貪、嗔、癡、慢、疑等五毒都可以善盡利用來轉變成五種佛智慧，許多的修行方法若未讓人獲得解脫的智慧，反而容易激發更多貪婪的欲望，而這些被點燃的內在毒火，在藏傳佛教的解釋，是方便一一對治焚毀後昇華。就怕路走到一半，貪心的人賴著不走，便著了魔道。這樣的過程有其歷史背景，很難細數清楚。

當年蓮花生大士到西藏弘法，為降服行之千年的地方宗教派系的百般阻撓，而彼此接納融合了雙方文化。藏族地區是多神崇拜，與中國道教到處蓋廟偶像林立的情形差不多，就連修法、念咒、畫符的儀軌信仰過程也類似。讓人想起電影《開膛手》中敘述英國地下組織的信仰儀軌，其舉行儀式的嚴謹與強烈的目的性，叫人不寒而慄。不論是世界上的任何角落，人性的貪著與頑固，是多麼地堅毅卓絕啊！然而最可怕的是這隱藏未揭露的「執著」，藏傳佛教的修行重點，即在挖掘內在毒素的直接鋒利。然而卻始終無法擺脫繁複的儀軌，就彷彿佛陀的慈悲與人性的貪婪交戰，孰勝孰敗，好像說故事的永遠都留個尾巴讓人猜測。

我曾經運用各種方式詢問大師們：「佛法是讓人解脫，為甚麼還會有這麼多的法事去滿足人類的欲望？」得到的答案各式各樣，有迂迴有直接也有避而不談的。不外乎：「藉由滿足欲望以吸引修行的動力！或者運用法事排除修行的障礙！」最有趣的答覆是來自一位流浪喜瑪拉雅山區三十年的洋尼師朋友：「是啊！」面露悵然，不語多時。

信仰來自天性，只是「對象」有所不同而已。我們始終認為：只要相信，就能夠如願。殊不知「相信」本身都有許多揭不完的祕密，走得愈深，愈教人驚訝惶恐：終究，我們相信的是甚麼？

甚麼是「信仰」？皈依某某大師，還是完成某種信念，或者膜拜有形

甚麼是「信仰」？
皈依某某大師，
還是完成某種信念，
或者膜拜有形無形的偶
像？
也許是追逐心中鍥而不捨
的目標？
再要血淋淋一點，
就是穿透欲望的底層，
挑戰人性的極限？

無形的偶像？也許是追逐心中鍥而不捨的目標？再要血淋淋一點，就是穿透欲望的底層，挑戰人性的極限？

這不會有定論，只看親愛的老師們給你甚麼樣的功課。

有回去濟南參訪千年古寺，遇到一位有功夫的和尚不小心洩底，當我半揶揄地看著他：「哈！有練功噢！」他趕忙尷尬地回說：「出家前練的，已經許久不用了，師父不許，他老人家最痛恨旁門左道，別張揚！」那麼好的功夫要捨棄，的確不容易。偏偏修行道上就是有許多誘惑人的禮物，譬如人人渴望的「神通」甚麼的，老師說：「沒修出神通，那是好幾世累積的福德，不必面對可怕的誘惑跟自己糾纏。這種垃圾也有人到處搬出來炫耀，真是找死。遇到大火坑，還以為挖到寶藏，休克幾輩子也醒不過來。」

我曾經拜訪過一位家喻戶曉的大師，雖未拜他為師卻很喜歡與他聊天，因為他為人謙和又非常有學問，閱歷豐富，出口成章且不拘小節，經常是名人滿堂徒眾成群，絕不誇張。有回去他下榻的酒店，旁邊伺立著國立大學教授好意教導我：「怎麼不拜師呢！」這位大師馬上回答：「她嫌我是旁門左道，不屑拜我為師！」我忍不住大笑：「我沒說噢！」「妳心裡這麼想！」

我的確是的！

這位大師就算在我面前飛來飛去或變出金山銀山，我也不會拜師。因為那不是我的人生目標。或許是我胸無大志，然而，我總是對類似變魔術的信仰缺少信任。

我懷疑他要不是戲弄這群欲海沉淪的癡人，就是本事有限，除了畫符

「神通是無法避免的修行過程，如果沒練出神通，反而要感謝佛祖保佑，否則神通愈多愈危險，隨時都會走上自我滅亡之路，等於是走鋼絲。」

念咒玩弄小老百姓，沒見過他有更大的成就，以他的學識與功夫，至少也該訓練出幾個像樣的徒弟吧！也許大師深藏不露，沒讓人瞧見。二十年後再見到這位大師，還是老樣子，身邊始終圍繞著吃喝玩樂的徒眾。那麼，我也只能當是看不懂了。真可惜他一身的學識涵養與萬金不換的閱歷，竟然年年日日過著與凡夫無異的縱欲生活，所為何來。看不懂！

藏傳佛教裡最膾炙人口的就是「神通」，許多神奇故事到處流傳，都聽得麻木了。多年來，記憶深刻的反而不是這些大師們的神通，卻是老師的告誡：「神通是無法避免的修行過程，如果沒練出神通，反而要感謝佛祖保佑，否則神通愈多愈危險，隨時都會走上自我滅亡之路，等於是走鋼絲。能夠平平安安、無風浪地修行，那真是歷代祖師的護佑，不然就是前輩子修來的福份。」

修行路上的誘惑，真是比金山銀山還壯觀呢！

我的老師從未見過他的老師出示個人修行法器，房間永遠收拾得乾乾淨淨，甚至連私人念珠都沒人見過，更別提掛在身上了。在藏傳佛教的觀念裡，修行是非常個人的隱私，絕對不可拿出來說三道四，到處炫耀吹牛更是忌諱，大師風範自然有其行止，就連小和尚都很少人膽敢談論自己的修行。

哪！這是比較容易的修行方式，可以減少挑戰「我慢」的機會。老師大概很清楚我們比較脆弱，經不起太大的誘惑，又加上大部分的人懶惰，不想有多餘的功課，因此一上來就先封鎖我們的妄念，以免癡心妄想浪費時間。

平時，光是觀想「菩提心」就已經夠嗆的了，哪兒敢去招惹那些神通來測驗自己的定力，簡直是剃刀邊緣的遊戲。

在藏傳佛教的觀念裡，
修行是非常個人的隱私，
絕對不可拿出來說三道
四，
到處炫耀吹牛更是忌諱
……

師父說：激發美感很重要！唯有如此才能看見，無處不在的機遇，一片葉子裡的乾坤，一朵花瓣中的淨土，一位藝術家的投射，一些路人在眼前完成的劇場，妳需要的，就是看見，毫無負擔。

師父說：如果妳能把眼睛變成照相機，儲存無數的影像，直到填滿中陰身，那麼，妳就打造了自己的暫時淨土，在轉境出生前，過一段還算不錯的日子。

第九章

與師父相戀？

與師父結緣，有如情繫兩性關係，上下煎熬，既害怕親密關係又恐懼疏離，如臨深淵如履薄冰，適巧檢測出「我」的兩面光。

在尋找老師的過程中，難免先要結識各方豪傑，順便滿足一下好奇心，這就好像到處相親，不太容易成功。畢竟，別人推薦的選擇，總是有「做作」的壓力，即使那是經過多方的專業考量，而這恰是最糟的部分，「條件式」的情感，到頭來會被自己貼上塑膠標籤，萬一礙眼，很難撕下來，更不容易擦乾淨。而自己煞到的，就算失敗也甘願。

師生關係，就像是尋找伴侶的過程，詭譎而龜毛。

曾經有位美麗自信的女子在大庭廣眾之下要求拜師，那位老師說：「我的習慣很壞，只收漂亮的年輕女孩做徒弟，妳認為自己夠漂亮嗎？即使妳年紀不大，但女人總是老得快，要不了多久，妳就會變成老巫婆了……嗯！順便讓妳知道，我的徒弟很巧地都變成我的女朋友，這是很大的犧牲，因為再美的女人，我都有本事讓她認為自己是全天下最醜的女人。妳想試試，就放馬過來吧！但是，我很挑剔噢！妳認為自己美，在我的標準之下卻不見得，妳最好先去參觀一下我的女朋友們，個個都會讓妳不敢再去照鏡子。」

在藏傳佛教的標準裡，飽讀群經、辯思無礙且經過長期閉關驗證修行過程，是做老師的基本配備。然而師生關係的建立，除了過去生所結的緣分，彼此之間的透徹了解，才是這項學習洗禮的關鍵。否則逮不到你的小辮子，老師學富五車也枉然。

我們之所以需要老師，不僅僅只是為了要填滿知識。打掃腦袋裡的垃圾，更是不可避免的工程，而且比甚麼都困難。整修永遠比新建設要來得費工夫，更何況還是件痛苦的工作。這好比裝修新房子要比重整舊房子省錢又省時的狀況一樣，必須先把舊房子裡的空間清理乾淨，不然，這項工程既耗力又無法達到「煥然一新」的效果。

師生關係的建立，
除了過去生所結的緣分，
彼此之間的透徹了解，
才是這項學習洗禮的關鍵。
否則逮不到你的小辮子，
老師學富五車也枉然。

房子打掃好了，就可以辦喜事啦！既使妳原本沒計畫要結婚，這漂漂亮亮的空間也很容易引起裡裡外外的覬覦，想不左右逢源都難。

這裡說的房子，是腦海裡的架構。

沾沾自喜，擁有漂亮房子的都難免，拈花惹草是必然，否則，幹嘛花這功夫？

本事強的師父，大都喜歡聰明伶俐又通透的徒弟，因為這些人多半已打掃得差不多了，只要小小裝修即可。可怕點的師父呢！專找這種富麗堂皇的房子，下手破壞，表面上看起來，很過癮！實際上，「痛感十足」，重建工作較敏銳，細節都不會被忽略。只有住過好房子的人，才知道如何過得更好，也較能體會甚麼是「好師父出手的好功夫」。

愛上大師的感覺，
跟追逐明星差不多，
狂熱、
狂戀加上狂野，
甚麼瘋狂的事情都做得出來，
小小的破壞算甚麼……

換個角度，看看這些大師們，一肚子本事，不就是要到處炫耀嗎？否則如何吸收弟子，沒有「識貨的」徒弟們的眾星拱月，也就成不了大師，不狠狠地破壞又建設，怎看得出他老人家的威風呢？至於老師這麼做是因為自戀還是為了成就學生，就像是世界度量衡一直沒有統一，每個人各自心裡的計較也無從摸得清。

然而，誰又願意被誰修理？而且心甘情願！

父母、兄長、老師、朋友？這些人的教訓都會引起我們的反彈，除非，我們愛上了這其中的某一個人。

愛上大師的感覺，跟追逐明星差不多，狂熱、狂戀加上狂野，甚麼瘋狂的事情都做得出來，小小的破壞算甚麼，更別提妳心儀的「明星」居然屈尊下凡來還就妳，哇！別說讓他罵啦！被打死也甘願。任何的不可能，這時候都變成輕而易舉，簡直比吃嗎啡還銷魂。

通常能夠成為大師的條件，至少要有點兒群眾魅力。那麼，讓「美女們」上勾就容易多了。反之，美女眾多的結果也很慘烈，爭風吃醋的場面自然可觀，何況是發生在大師座下，那更是暗潮洶湧啦！就算那些明明知道自己家世容貌條件無法進宮的，也要碰碰運氣搶進，誰讓大師發了大願要度化眾生呢！不情願也得照單全收。

在皇宮內成長的帝王們，個個清楚後宮六院的血腥，為甚麼不運用權柄杜絕歪風？有此一說，沒有經歷后妃鬥爭的佼佼者，做不了稱職的皇后，運氣好能進宮，卻沒本事活下去，就別提輔助「賢君」了。

也有人說，上了牌桌，見牌品即知人品。

與師父相戀，
比男女感情難度還高，
婚約可以取消，
愛情盟誓亦可隨風消逝，
屬於「信仰」等級的師生
情結，
根本是在交換靈魂密碼，
搭上了線，
終生不能超脫。

種種競爭之下，匕首立現。甚麼樣的大師挑出甚麼樣的徒弟，就好比人稱：「夫妻臉」，沒有幾分神似，很難長期共度福禍相倚的人生。

修行路上，奇幻重重，各種試探層出不窮，昨日窒礙反成今朝最愛，明日新歡乃為他日重患。若沒有幾分愛戀，師生之情甚難維繫，卻又要拿捏分寸，否則亦為大患。總之，左右為難，非彼患即此難，選擇哪一種痛罷了，橫豎都要領教，當然先選自己尚能承受的方式，不過，還得要雙方認同才行。

與師父相戀，比男女感情難度還高，婚約可以取消，愛情盟誓亦可隨風消逝，屬於「信仰」等級的師生情結，根本是在交換靈魂密碼，搭上了線，終生不能超脫。除非，妳經過種種魔考，跨越了「人我眾生相」，因師父的棒喝而領悟到「諸法空相」的解脫是一切痛苦的妙藥，否則，地獄就是妳藏身的處所。

妳看到了「兩極」，學會了不偏不頗，進入證悟的「無我」階段。不然，與師父相戀，等同馬戲團裡的空中飛人走鋼索，好自為之！

老師說：「沒有嘗過愛上老師的滋味兒，等於未曾拜師；把老師當作戀人對待，等於跳下萬丈懸崖。這之間的分寸非常微妙，只有跳進火坑的人才知道，外人很難體會。」

藏傳佛教寺院裡流行著這樣的笑話：「光頭和尚人見人愛，出家的時候，滿街的美女追著跑，一旦還俗，連狗都嫌。」

這說明了坐在寶座上讓妳崇拜敬愛的老師，真要下座和妳談起戀愛，妳仍然能夠維持不變的忠誠與信任嗎？這可是一點兒也浪漫不起來的考驗。

沒有嘗過愛上老師的滋味兒，
等於未曾拜師；
把老師當作戀人對待，
等於跳下萬丈懸崖。
這之間的分寸非常微妙，
只有跳進火坑的人才知道，
外人很難體會。

藏傳佛教在西方世界盛行之後，發生了許多著名的師生戀醜聞被學生們揭露，鬧上公堂名聞四海的索甲仁波切就是最佳範例：學生打翻醋罈子想鬧個兩敗俱傷。適巧，兩性關係開放的西方沒有道德規範，只要不違反傷害條例，無法造成告訴乃論。同樣的事件，若發生在東方，老師一定會被非議，就算沒有刑事責任，輿論也會造成相當的殺傷力，至少會讓老師銷聲匿跡。如果是在西藏呢？恐怕沒有人會理睬妳，因為大環境「尊師」重道，老師永遠是對的，就算是錯也有錯的道理，沒有人質疑。更何況供養上師天經地義，沒有人強迫，更沒有人認為不應該，也不會有負不負責任的問題，只有想不開的傻瓜才會公告天下。

藏傳佛教與其他信仰最大的不同，就是運用貪、嗔、癡、慢、疑五毒轉化成五種佛陀智慧，因此挑起人性底層的欲望與劣根性，穿越生命的極限，就變成了修行的主要力量。於是，這有相當的危險性，分寸拿捏不好，就好比稚弱孩童耍大刀，演出傷人傷己的鬧劇。

這裡沒有一定的標準告訴妳如何分辨老師是占妳便宜還是送妳上天堂，反求諸己是最好的方式，也是唯一的途徑。問自己：妳到底要甚麼？一切的答案都自然浮現。很多人分不清視師為佛的分際在哪裡，那麼，就看自己眼前的道德承受力在哪裡做為標準，也就不會有怨懟的後遺症。終究，信與不信，不到最後關頭，很難給予適當的證據證明自己是對是錯。保護自己，是你的責任，畢竟，修行自始至終都是一條孤獨的道路。

師父說：不被疼痛綁架，就不痛了。是的，妳可以欺騙自己，直到不再是欺騙。別以為我在騙妳，若如此，妳就真的被騙了。妳的確可以透過關照，讓一切的疼痛與歡悅既清晰又模糊地，融入虛空，妳的游移與漂泊，完成一部影像紀錄，然後再也不被情緒綁架，無所畏懼。

師父說：別害怕脆弱，這也許是妳最好的時刻。因為弱，妳變得敏感；因為病，妳對身體的覺知能力越來越強；因為不如意，妳珍惜每一刻的美好時光；因為錯過，妳慢慢認識了時間陷阱；因為誤解，妳開始有了共情能力，而擁有悲心的起步。

第十章

與師父反目？

扮演照妖鏡的上師，經常有被主人摔破的危機，偏偏這照妖神鏡耐摔，就苦了那無地躲藏「覺知」中的徒弟。

又愛又恨，這就是談戀愛，任誰都知道。

那個讓妳牽掛的人，就是妳的最愛，也因為他讓妳無法忘懷，因此，痛恨難耐。

做為一個學生，老師交代的事情奉行不悖，假以時日必然產生依賴，扶持關係延續相當時日，定然衍生出某種不足為外人道的情愫。

若遇上壞老師，其情可憫，就如同碰上爛情人，人財兩失事小，「信心」崩潰才可怕！要是運氣好，老師是高手，更恐怖！彷彿七吋落入敵手，動輒得咎！分分秒秒都在考驗自己的信心與毅力，所謂智慧，大概就是這個時候產生的，這時候的腦袋，簡直是千軍萬馬，不知是該衝出去殺敵，還是留下來折騰自己，更不明白，這是線路接錯發生的幻覺，或者這就是標準的「功課」？

爛老師遇到好學生，
老師必須歸還自己的業報，
學生一樣會因為自己的『信心』修行而得到該有的果報，
照樣能成就。

我的頑皮老師曾經很嚴肅地說：「爛老師遇到好學生，老師必須歸還自己的業報，學生一樣會因為自己的『信心』修行而得到該有的果報，照樣能成就。好老師盡責地弘法，學生沒有緣分產生信心，老師就算有再大的智慧與功德也枉然。」這話就是說，無論如何也要冒個險「相信」他。

話雖容易，還是難免師徒道上，處處逢險，卻不見得化險為夷。

因為爛老師給你出難題，好老師更不可能放過妳。

想想看，我們是這樣全心全意地去拜師，幾乎把靈魂與生命都交付出去，偏偏這老師卻不是我們心目中期望的「神仙」，我們若有潔癖，他就偏要在我們面前吐痰挖鼻孔，要遇上懶學生，老師就馬上變成嚴苛的吹毛求疵大仙，完全不是我們想要的和藹可親。

這可不是說的家常瑣事，或許，就算是小事一樁，來自老師，都馬上導致大條事件，至少搗亂一池春水。

因為「池」是妳的最愛。

師生之間，最大的難處，都不是學習過程裡的知識。老師的功課是想盡辦法將知識燙貼在學生的腦海裡，學生則必須培養對老師的信任，卻因為自己交付的期望進入依戀老師的危險狀態而不自覺。大家都在走自己的險棋，下錯一個棋子，都能要命。信與不信，一樣兩難。

過了這一關，就好像拿到通行證，進入老師設下的「壇城」，也就是所謂的登堂入室。這下更糟，因為進了門，才發現一屋子人。原來千辛萬苦獲得的殊榮，早已俯拾皆是，最糟的是妳看到滿堂病患，原來期待的高級班居然還是個龍發堂。器量小的，不暈厥過去才怪。胸襟開闊的，

若要擺脫這樣的危險或者你眼中的幼稚情境，
也不難，
就是與老師「合而為一」。
否則，
注定受苦。
這與老師的好壞或本事高強與否無關，
完全在於自己信賴老師的「純度」達到甚麼樣的等級。

也不見得比較好過，因為比你早到的，要不睥睨妳，也要掂掂斤兩；那晚來的也可能不會放過你。而你們比劃的也不是甚麼高明的智慧，不過是些兒戲似地鬥氣，這時要不氣結，妳就是大師。

放心，這些把戲，老師都一一看在眼裡，誰也不搭救。

若要擺脫這樣的危險或者你眼中的幼稚情境，也不難，就是與老師「合而為一」。否則，注定受苦。這與老師的好壞或本事高強與否無關，完全在於自己信賴老師的「純度」達到甚麼樣的等級。

同樣的一群人，妳可以視為親兄弟，也可以當作死仇敵，既是同儕，亦為競爭對手，有時候，甚至會很可笑地爭奪老師的一句話：「去拿杯水來！」

老師曾說：「我最尊敬的一位老瑜伽士說過一段話，對我的啟發很大。當時他已多年沒見到自己最敬愛的老師，兩人雖近在咫尺，也如如不動。他說：『我知道老師在我的心裡，我也深信自己就在他的心尖，見與不見都一樣，因為我時刻都與老師在一起。』這段話曾讓我深深落淚，既羨慕又崇敬。」

即便是說這話的老師，在失去自己老師的那一段時間，亦如喪家之犬，惶惶終日，甚至躲起來落淚：「怎麼辦？我沒有老師了……」

可見得，這樣簡單的道理，卻是難之又難的高階功課。

我們大部分的人，只要認定一個好老師，就希望天天黏著，甚至霸著不願人分享，就好像長子多半痛恨弟妹們的相繼出生剝奪了父母的關愛，要是有哪個弟弟妹妹特別惹人憐愛，或者瘦弱得需要父母全天候的關照，不妒火中燒，也醋罈子滿缸。

做老師的會如何處理呢？當然就是像一般的父母那樣，要不偏心，就是故意修理那最會忌妒的討厭鬼，以示懲戒。

這還算是普通的課程。

厲害點的老師，根本就故意製造爭端，唯恐天下不亂地到處放火，讓你們去是是非非個夠，燒完了乾淨。

妳能不痛恨那放火的人嗎？更何況還是妳最愛的人來燒妳，到底要不要翻臉，都可以折磨妳好幾個輾轉難眠的夜晚。

我知道老師在我的心裡，我
也深信自己就在他的心尖，
見與不見都一樣，
因為我時刻都與老師在一起。

即使是被磨練得差不多水火不侵的程度，正沾沾自喜的時候，冷不防，又被老師潑了一身貓尿，薰得人一年都忘不了。不要以為這很好笑，如果你時刻都要防範被攻擊，不氣死也累死。不管是棄械投降還是反目成仇，老師都能夠陰魂不散地追逐妳，這算不算「愛之深，責之切」？還無法下結論，我的同門師姐曾經給我一個小有幫助的建議：「不論老師說甚麼做甚麼，都不要有反應，否則很容易被逮到辮子，猛打一頓，別動，既不可以笑，也不可以故意不笑，不能緊張，更不可以鬆懈，提神別洩氣就是了。」這是在老師面前，別以為老師不在眼前就可以喘氣，門兒都沒有，下回見到時算總帳，就有得瞧啦！

要不要翻臉，悉聽尊便，無論如何，他都不會放手，除非……否則就像師姐說的，裝也得裝出不在乎的樣子，不然更慘。

有一位美國師姐告訴我，有回被折騰得不知如何是好，愈看自己越不

永遠是敗將，
卻被迫要愈戰愈勇的滋味
很可憐，
但若非如此，
這恐怕不會是你的老師。

妳相信嗎？
愈接近老師身邊，
愈感到孤獨無依。

順眼，氣得在老師面前把衣服拔光，摔得滿屋子，狠狠地跳腳咆哮哭鬧，忽然之間，聽到老師的狂笑，當場驚醒，羞愧得趕忙逃跑。事後，這位師姐才發現自己原來是如此地厭惡著自己，當老師拿出「鏡子」來，真恨不得自殺才是，然而，自此真相大白，她開始懂得疼愛自己了……

永遠是敗將，卻被迫要愈戰愈勇的滋味很可憐，但若非如此，這恐怕不會是你的老師。

妳相信嗎？愈接近老師身邊，愈感到孤獨無依。因為妳會被逼到死角，孤軍奮戰，直到「醒過來」。這時，後宮佳麗三千，都會是妳同情的對象，心有戚戚焉哪！何從嫉妒起？

原來，悲心，是先從憐憫自己開始的！

這場師生戰爭，才真是道高一尺魔高一丈，至於誰是魔誰是道，很難說，常常變成老師既是道亦是魔，除非妳已被訓練成魔，否則左右夾攻是家常便飯，若非「信任」的支撐，很容易自我吞噬，老師所扮演的照妖鏡是超級到裡外兼顧的無所遁形。這時候妳就會清楚的知道「諸法空相」，真真假假難辨，所有的同門都跟妳一樣身歷險境，根本的勁敵是腦袋上那位上師，因為「祂」才是如假包換的「照妖境」。

最有名的一則故事，雖感人卻也被我詮釋成老師修理學生的代表作。話說觀世音菩薩在老師如來佛面前發下弘願：「未救度一切眾生，誓不成佛。」大功告成好幾件之後，如來佛示現神蹟，讓喜滋滋的觀世音菩薩看見海洋裡無量無數的生物，觀世音菩薩淚流滿面懊悔莫及，當場碎成千千萬萬片……

外表上看起來，如來佛啥事也沒做，這誓言也是觀世音菩薩自己發的

一個不了解自己的人，
如何有能力去認識別人。

面對大師，
要有戰鬥的勇氣，
對自我認識不清的人，
這會是一場傷害彼此的痛苦
戰役……

願，如來佛只是做聽眾，還做了「導演」，如此而已。觀世音菩薩一步步地走進如來佛的鏡頭裡，一不小心就做了主角，只不過動個小小的念頭，就瓦解啦！

一個不了解自己的人，如何有能力去認識別人。

面對大師，要有戰鬥的勇氣，對自我認識不清的人，這會是一場傷害彼此的痛苦戰役，大家都死得很難看。就好像走進婚姻關係的人若不做好心理準備，一定會鬧得：「因誤解而結婚，因了解而離婚」，造成畢生遺憾。

當然，進入宗教領域的人，都相信全然無私的慈悲願力，讓大師們必須無怨無悔地拯救我們。但是試想，當你伸出援手去拯救落水狗，那隻狗卻懷疑你的居心，甚至不相信你有能力拯救他，逼急了，咬你一口，你還能救牠嗎？不是你不願，是無從救起。有時候，我們自以為是地登門求教，打定主意認為以此誠心必能受教於門下，焉知老師要的是塊洗乾淨的布料，而不是染色五彩繽紛包紮得花俏炫麗的禮物。前者可以精確測量用途，後者有賄賂後翻臉的疑慮。

千萬不要欺負大師的善意。走進任何師門，都要有準備，至少，把腦袋裡的房間打掃一下。就像是看牙醫之前刷個牙，這是最基本的禮貌。

在家裡多放幾面鏡子，還有，多交幾個可以當鏡子的朋友，甚至，隨身攜帶各種真真假假虛虛實實的鏡子，就像女人隨處補妝的勤快，不時地檢驗自己的微細轉念知見。那麼，去見老師的時候，就會像禮佛前必須焚香沐浴一樣讓人神清氣爽，叩拜時也理直氣壯些，免得提心吊膽了半天，還是被修理。

千萬不要欺負大師的善意。
走進任何師門，
都要有準備，
至少，
把腦袋裡的房間打掃一下。

我聽過最狠的修理，就是有人被老師念：「妳渾身上下臭氣沖天，去洗澡，離我遠一點……」這話當然罵的是心病。試問，有哪個老師真的願意扮演兇神惡煞去折磨自己的學生，若非必要，毋須如此提醒學生「照鏡子」。

與師父反目，其實是與其「同步」的起始。

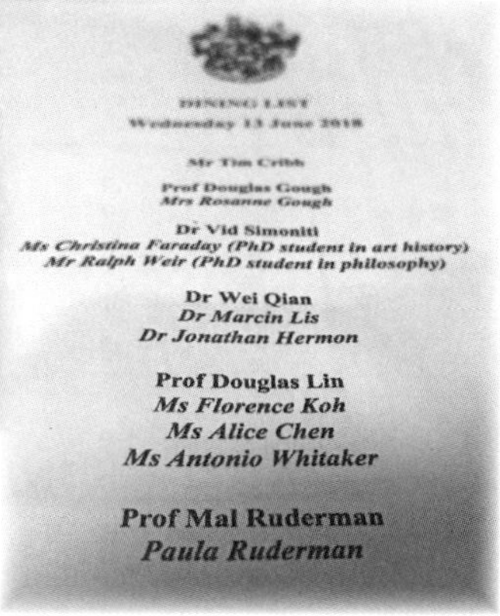

師父說：能一起吃飯的人，是彼此共同的福報，是三寶中的大寶，互相成就無瑕共業，這種雙向奔赴的功德，無聲茲養增長，不知覺中孕育了無數奮供積攢的福德，等同供養佛法僧三寶。

師父說：好好吃完一頓飯，無論內容如何，妳是接受供養的佛菩薩，並代表十方眾生受供，於是，這不僅僅是例行公事的一餐，而是回回累積了救度眾生的福報，自救救人，雙向奔赴的福德。隨喜佈施與接受佈施的人鬼獸，等同供佛。

師父說：吃飯，雖然很簡單，卻也可以很繁複，雖只是裹腹，但若在每個細節裡注入儀軌的意義，那麼，一口飯吃下去，便是一場大圓滿。儀式感，說的不是奢華的過程，而是激起臟腑五欲的能量。

尋找上師 師父說

第十一章

與師父無二無別？

與師父同步，是「覺知」的關鍵，若非無分別，便有二心多心之虞，也就難以踏上「覺知」的歸途。

皈依過師父的人，應該都記得那驚醒人的程序，想像四周環繞著自己的父母親友以及無量無數的生命，和自己一起皈依佛法僧三寶，一直到所有生命都證悟解脫為止。而皈依的先決條件，是觀想師父與佛無二無別，否則，很難進入老師的信仰傳承裡受教。

從來沒想到，自己了脫生死，居然可以真的「雞犬升天」，連同親友都能受惠，多麼讓人感動又安心呢！即使只是想像一下，也有極大的撫慰作用，更奇妙的是敵人也在嘉惠的範疇內，這種思緒空間，忽然解除了許許多多的心結，豁然開朗地打開仰望的天空，原來，打開生命的鑰匙，正是將一切生命容納的心胸，巧妙地釋放了自己封鎖的靈魂。那麼，去天堂，或者去地獄，就不再如此重要，因為，生命所到之處都是我的家鄉，無須分別。

然而，要做到對所有生命都不產生分別心的念頭，是既容易又困難至

藏傳佛教裡，
所有的灌頂都是教導人成
佛的進程，
也就是說，
跟著老師走，
不如把自己也變成和老師
一模一樣的「佛」。

極的。把這樣的想法放在腦袋裡相當輕鬆自在，但一睜開眼睛看到的所有畫面，都讓人立刻四分五裂地分門別類。過慣了物以類聚的生活，如何能不成群結黨呢？

就算自己不想，周遭的人也必然把妳驅逐到有別有類的空間裡，要擺脫這樣的迷思與困境，除非有人常常在身邊敲腦袋！然而醍醐灌頂的醒腦，終究不如分秒自在地清醒。這也是藏傳佛教裡，所有的灌頂都是教導人成佛的進程，也就是說，跟著老師走，不如把自己也變成和老師一模一樣的「佛」。

要想像自己跟另外一個人無分別很困難，但是「揣度」別人的心思，卻是很多人常常在玩的把戲。俗語說：「站在別人的立場或角度去思考，就很容易解決問題。」這就是「同步邏輯」的妙處，同座標的代號，才有溝通解碼的機會，否則，平行到死也不會相遇。

我在為老師翻譯的過程裡，最大的收穫，就是經驗到「同步邏輯」的狀態，幾乎有飄飄欲仙的快感，好像心思開上高速公路似地，暢通無阻。

從事翻譯工作的人都知道，若能夠與作者心意相通，翻譯過程會非常順暢，即使是三流的翻譯，也能呈現一流的品質。若遇上陌生的作者或演講人，這裡的陌生涵蓋了「臭味不相投」，就算是一流的翻譯，也會手忙腳亂地語焉不詳。

佛教徒最常說的一句話就是：「有師父加持，就會平安順利！」這話再解釋得白話一點就變成：「有了師父的允許，進出師父看待事情的空間，就會像師父一樣順暢無礙。」也就是說：「在師父的思想邏輯裡，有好幾扇門，要一扇一扇地參觀，還是四通八達地瀏覽，完全是學生的選擇，老師已經給了承諾，加持就是邀請，相不相信，要不要進去，存乎一心。」

「在師父的思想邏輯裡，有好幾扇門，要一扇一扇地參觀，還是四通八達地瀏覽，完全是學生的選擇……

這就好比翻譯者若看演講人不順眼，或是不認同講者的說法，講詞再優美豐富也會被刮成碎裂的破瓦，聽眾聽得是一頭霧水，不知該怪講者還是翻譯。

翻譯與作者之間的溝通，正如老師與學生的調頻是否一致，便影響如實呈現的品質。

大部分崇拜老師的學生，多半會落入「表象」的陷阱，標準的「以貌取人」。這裡所謂的貌當然不僅是長相好不好看而已，「望之似人君」絕對會是我們向他或她老人家磕頭頂禮的依據，甚至，若是「仙風道骨」就更棒了，有個神仙當靠山，豈不妙哉！

於是，我們定下的標竿，就成了修行路上的絆腳石。

神仙一樣的人物，拜都來不及，如何敢猜測祂的心思，更甭提與之合而為一啦！然而，若非如此，我們又如何前進呢？僅只是拜，絕對不夠！

每個灌頂裡的觀想，都是循序漸進地先將佛放在老師的心間，再將老師放進我們的心間，這樣就比較容易把佛與老師融入到我們的身體裡。其實，這樣做的目的，還是要把我們轉變成與佛沒有分別。在最後最高階的灌頂法門裡，就是直接了當地將受禮者變成佛，相信或全心投入的人就能成佛，若記得回到經書的原點，就會發現，一開始佛就說所有的生命都與佛一樣沒有分別，是我們自己抹灰抹黑罷了，老師就是那個教我們如何打掃的清道夫而已，既非雪中送炭，更不必錦上添花，還我本來面貌就好。

習慣黑暗的人，忽然有人拿來一盞燈，不嫌他雞婆討厭才怪。喜歡髒亂的人，遇上清道夫，絕對是冤家狹路相逢。即使這人正巧是妳心愛的老

那打著燈籠來找妳的老師，
在妳看見光明的剎那間吹熄了蠟燭，
妳能不慌亂嗎？
然而，
老師若不狠心吹滅短暫的光明，
妳就永遠也不會站起來尋找光源。

師，又如何能夠與其心意相隨，時時防範著被修理還差不多。即便是好不容易被教會清潔腦袋瓜，卻彷彿只此一家別無分號似地，再也不願意離開，殊不知清潔的目的正是讓我們的眼睛看見寬闊無邊際的「真相」，而不是緊抓眼前拿著掃帚的清道夫。

在我享受到與老師心意相通之時，那漠視淚眼婆娑離我而去的老師說：「有一天，不論到哪裡，我會出現在妳心裡，妳也在我心裡，妳會紮紮實實地發現，我和妳是同一個人，妳就再也不需要我了……」

那打著燈籠來找妳的老師，在妳看見光明的剎那間吹熄了蠟燭，妳能不慌亂嗎？然而，老師若不狠心吹滅短暫的光明，妳就永遠也不會站起來尋找光源。

唯有與師父無二無別，才能真正擺脫依賴的關係，否則，解脫就只是個追逐明星大師的藉口罷了。

所有藏傳佛教的修行法門基礎，就是將老師以及老師的老師們放在頭頂，時不時地讓祂們一個個溜進心間，最好是完完全全地融化在自己的身體裡。雖說只是一種想像，卻無論如何有相當的心理治療效果，不論是疑心病還是妄想症或者被世態炎涼打入冷宮者，都能找到一股源源不絕的暖流。

如此才有機會循序漸進地依照老師指導的方法，接近與佛陀無二無別的上師合而為一。

「相隔千里外，心有靈犀一點通」，形容的就是這樣的狀態。沒有受過現代文明洗禮的人類，仍保有這與大自然共鳴的本事，而這被掩蓋的

唯有與師父無二無別，才能真正擺脫依賴的關係，否則，解脫就只是個追逐明星大師的藉口罷了。

本能需要被喚醒。生命與生命之間，本來就不需要語言文字互通訊息，是科技都已經證實的宇宙真相，許多沒有文明的生物，都能夠依賴本能傳達宇宙動向。我們被無限擴張欲望所衍生的消費文明腐化，而失去了這寶貴的本能。

藉由「上師相應法」進而與上師天人合一，便可恢復這珍貴的覺知能力。

師父說：妳這一生中遇到的許多人，都可能是 Hi and Bye 一眼的緣分，不知會累積多少的一眼，才能像我們這樣經常相聚？妳會覺得該忽視這一眼，還是想慎重對待？

師父說：妳遠行又終將返回「旅居地」，無論何時何地，都是過客。別想原地踏步，浪費自己珍貴的機會，去認識自己以外的一切。只有出去了又回來，才知道，在中國被認為不吉利的烏鴉飛到日本成為吉祥物，而烏鴉的原居地在中國。這是妳認識萬法唯心造的機會之一，破除邊見，從認識邊見出發。

師父說：世界上有很多看不完的風景，但最好的，在妳眼中。這是妳尚未開悟前，必須認識並信仰的唯識宗，萬法唯心造。然而，妳也可以偶爾開小差，去撩一撩無二無別的痛快。

尋找上師 師父說

第十二章

哪兒來的「大師」？

尋找大師，彷彿似曾相識的茫然，既熟悉又陌生，熟悉的是那份理所當然，陌生是「覺知」的門路。

要做一個自己仰望的對象，通常都會經過好幾次進階。

想像、投射、仰望、崇拜、破滅、補綴、療傷、挑戰、奮鬥、禮敬、寂靜……

我親耳聽過好幾位涉足宗教圈的名人這樣形容自己拜師的經過：「我把老師當神一樣地敬重，奉獻時間、金錢，沒想到……」

我們投射一個神仙似的影子，將之奉為上師，更希望祂是人人稱道的大師，好像這就找來了各界的背書，大大地證明了我們的選擇是對的。然而，我們是如何界定「大師」之所以是大師的？人云亦云？還是心中自有神明？或者直指人心的解惑者？

譬如，走進一個滿屋神佛的道場，各色人等充斥，卻只見名流在前環繞，即使這些家喻戶曉的人物謙卑地躲在角落，也會被拱到眾人之前就座，為的是讓這些知名人物做我們選擇好老師的畫押背書，好像有名望的人必然比我們聰明些似地，完全模糊了我們當初找老師的目的。等到老師真的周旋於有權有勢的上層階級之間，我們要不跑去跟老師撒嬌抱怨，就是酸溜溜地自怨自哀起來。至於老師交代的功課，以及我們辛苦拜師的目的，全被追逐逐漸發亮的「明星」光芒遮蔽。

我們自己激發的情緒，卻病急亂投醫地吞食成藥，正好讓毒素發作個夠。

有回，看到向來灑脫不羈的老師對他非常喜愛的學生大發雷霆，因為那跟隨多年的學生不斷地要求老師「授業」，剛開始老師還嘻笑怒罵，後來發現那學生要的是「祕密法門」，老師面紅耳赤地咆哮：「我每次上課你都來了，不是嗎？沒有聽進去是不是？去倉庫裡面找，裡面有我

我們是如何界定「大師」
之所以是大師的？
人云亦云？
還是心中自有神明？
或者直指人心的解惑者？

講了幾百小時的課，看看還有甚麼是我沒有教過的？我還欠你甚麼？豈有此理！再去聽一遍，你若說得出我沒有教過的東西，換我拜你為師。」

記得第一次聽美國師父說法是在幫忙老先生翻譯的時候，那時，收穫好豐富，簡直不敢相信這麼奧妙的法教，怎麼只有一個聽眾，既歡欣又慚愧，尤其是打開門看到門外許多等候的信徒，恨不能與之分享師父的法露，卻又不敢造次胡言。後來，經過多年的洗禮，才發現老師一直在運用各種方式散布同樣的信念，只是各方聽眾雖磕頭如搗蒜，卻始終將其諄諄教誨當作耳邊風。甚至，被語言不通的信徒們百般敬愛的師父，曾經讓大家在同一場演講裡隨機點名輪流為他翻譯，以刺激聽眾們的專注，好幾個小時裡的法教，一直圍繞著同樣的主題，還是有人像是一輩子從來都沒聽過似地陌生。這次，我無法隱忍地哭泣：老師好可憐！我自己又何嘗不是被點化了十幾年才理解箇中辛苦。

> 我們只知道他們會念經，
> 然而他們到底念的是甚麼
> 經？
> 是不是我們聽得懂的經，
> 好像並不如想像中的重
> 要，
> 彷彿只要跟著跪拜就能夠
> 得道升天，
> 只要他們擺出大師的架
> 勢，
> 就不必煩惱這是哪兒冒出
> 來的道士。

俗話說：「外來的和尚會念經！」正好應驗了如今藏傳佛教風行全世界的現象。我們只知道他們會念經，然而他們到底念的是甚麼經？是不是我們聽得懂的經，好像並不如想像中的重要，彷彿只要跟著跪拜就能夠得道升天，只要他們擺出大師的架勢，就不必煩惱這是哪兒冒出來的道士。

記得第一次去尼泊爾認識藏傳佛教的世界，就曾經跟一位出家的老友翻臉，因為他指著滿山的寺廟說：「看！你們台灣人的錢蓋的，全是一些莫名其妙的喇嘛，只要跑到國外聲稱自己是轉世的仁波切，就有一群傻蛋跪拜捐錢。全世界就屬你們台灣人最誇張，完全分不清孰是有資格傳道授業的老師孰是騙子，只要見到紅袍就猛磕頭，到處亂封法王，哪兒來那麼多的法王，真是笑掉人的大牙……好老師去講課，反而門可羅雀，真是搞不懂你們，到底是捐錢買心安，還是供養師父求道後去修行？」真想打得他滿地找牙，卻不得不羞愧得想要躲起來。

連我這號稱頭腦清醒的人也曾經蠢蠢地要求出家老友：「你好好修行啊！得道的時候拉我一把，這樣我就可以偷懶睡覺玩耍去了。」

拜師，是為了解惑，卻演變成追逐明星，實在是沒想清楚究竟我們要解的是甚麼惑，也就不知道自己需要的是甚麼樣的老師，只能跟著群眾打轉，看能否撿到天上掉下來的慈悲，焉知慈悲打從自個兒心中來！大師的智慧也只能與聽得見的徒弟相應，無緣相知，就算長著一對大大的招風耳，也是不能理解的。

當我們遇見惺惺相惜的師父，並不代表就此走上坦途，就連信任都有好幾層關卡待考驗。能進得了家門的來客，並不表示能夠進臥房休憩；能穿你家拖鞋的訪客，並不一定願意讓他穿你的睡衣；可以上桌吃飯的朋友，不見得能夠喝得到珍藏多年的家釀。那麼，你願意磕頭的師父，就不必然能砍下你的腦袋。

沒想清楚究竟我們要解的
是甚麼惑，
也就不知道自己需要的是
甚麼樣的老師，
只能跟著群眾打轉，
看能否撿到天上掉下來的
慈悲，
焉知慈悲打從自個兒心中
來！

這可不是開玩笑，著名的修行者密勒日巴大師就被老師沒來由地命令跳下懸崖。

換做是你，跳不跳？

那就不用說靈魂相與的師父該如何性命攸關了。哪兒來的大師，能不慎選嗎？但我們仰望著大師的同時，是否清楚地檢驗了自己的動機？

人人尊敬的大師，我們可以一一參訪聽聞教誨，卻不一定可以認做生命相隨的師父，這不僅僅是關係著我們的成長，甚至存在的意義都被捏著行走，不思考清楚，既折磨自己更拖累別人。適合旁人的，不必然也符合我們的尺碼，先讓我們認識自己的神仙，才是真正的老師。

然而大師都有一定的風範，絕對有值得學習的榜樣，就算未能達成師徒的緣分，總有「交友」的情誼，廣結善緣，至少能擴展器量胸襟。

追逐大師，無可厚非，然慎選對象卻是無論如何也要小心的，尤其人在瘋狂癡迷之際，是非善惡的弔詭分野很難區分，有群眾魅力的人物更是手中掌握生殺大權的「劊子手」，是不是在恰當的時間砍對了人，誰也說不準，到時連喊冤的地方都沒有，因為「球員兼裁判」呀！

我有好幾位朋友一直找不到老師，並非這些大師讓他們看不上眼，卻是一群瘋狂的徒眾讓他們不敢忝列其中，即使嚮往大師行止，仍對追逐者的品質相當感冒，再加上大師一旦變成明星，能夠分配的時間有限，想要交心的機會恐怕微乎其微，也就只好仍採觀望態度了。

追逐大師，
無可厚非，
然慎選對象卻是無論如何
也要小心的，
尤其人在瘋狂癡迷之際，
是非善惡的弔詭分野很難
區分……

有回師妹在幫老師張貼宣傳海報時，說出一段讓人噴飯的話：「希望師父不要太出名，不然就很難經常見到他，他現在分給我們的時間已經很少了。」那就不要貼海報，這樣就沒人看到了。「不行，演講的時候，人太少，不好看，師兄弟的信心會崩潰。」這段童言童語誠實地說明了學生們的心聲。

在西藏，人們早就世世代代地學會了如何與大師相處。通常，都是家族分享共同的老師，由於老師會不斷地轉世，就沒有失去老師的隱憂與掛慮。對於盛名在外的大師，都是像在拜佛一樣地禮敬，自然產生相當的安全距離，老師私底下的行止，很少人關心，更沒有人真正在意，就算聽到閒言閒語，也將其詮釋為有意思的教法。要說這是迷信，沒人反對，至少，省去了爭議所帶來的災難。因為在迷信的厚重表象下，藏族清楚地知道「遠觀是佛，近看則與凡夫無異」的生命哲學。

哪兒來的大師？很難追溯，只有自己明白「朝拜的當下存何居心」，也就決定了大師往哪兒走。畢竟，沒有三兩三，斷難見青山，只有自己謹慎地努力前進，才有機會真正見到大師的廬山真面目，否則盲人騎瞎馬，連馬是不是瞎的都難以分辨清楚呢！

師父說：漂亮的器皿很重要！因為妳在享用的同時，自己是被供養的佛菩薩與眾生，理當盡所能給自己最美好的時光。

師父說：最大的痛苦不是醫療的無能為力，而是不能痛快地吃飯。如果不能高高興興地吃飯，豈非生無可戀？誰也不能阻擋我去吃想吃的東西，因為你們尚未破除偏見！

師父說：多多請女人吃飯，因為女人都具備 Dakini 能量，值得妳供養並獲得福報。僅僅一餐飯的過程，妳的分分秒秒便獲得了源源不絕的能量。下回，妳再仔細觀察，便能慢慢找到那一縷綿綿細雨。

第十三章

誰是你的頂頭上師？

檢驗大師，端坐頭頂者，乃進入私密領域的靈魂修行導師，若非緊密契合，則互相干擾，「覺知」便難以貼近。

將祂時時刻刻都放在頭頂上壓著，實在是一件非常讓人頭疼的功課。但若非如此，祂怎麼牽動你的靈魂？

不少人都去參觀過藏傳佛教文物展，細心的人一定會注意到畫工細緻的唐卡畫裡，佛菩薩們的頭頂上又層層疊著世代為師的諸佛菩薩，清楚地標示著誰是誰的老師。如果這幅圖畫是你的修行皈依圖樣，那麼畫像上的層層疊疊都是你的頂頭上師們，沒一個跑得掉。

這好比族譜裡的歷代祖先名號依序列出，清楚明確，完全不需懷疑。

相信傳承的人，毫無疑問地會把上師頂在腦袋上，作為修行的必要配備，不但比較容易進入老師的空間達到「同步邏輯」的效果，甚至還是進修過程的保障，就是一般人稱的「護法」。否則，當作一種對老師的禮敬，未嘗不能體悟傳承的力量與精神。

在妳心甘情願地將老師頂
在腦袋上之前，
必然經過了想像、
投射、
仰望、
崇拜、
破滅、
補綴、
療傷、
挑戰、
奮鬥、
禮敬、
寂靜……
等等的洗禮。

在妳心甘情願地將老師頂在腦袋上之前，必然經過了想像、投射、仰望、崇拜、破滅、補綴、療傷、挑戰、奮鬥、禮敬、寂靜……等等的洗禮。這樣的經歷，雖痛苦，卻必然能夠徹底清除心中的疑慮，才不會搖搖晃晃地把老師摔下來。

沒有人願意品嚐「背叛」的滋味，不論是主動還是被動都不好玩，嚴重地，甚至造成殺傷力，很難復原。很可惜地，在我們好不容易找到願意信賴的老師後，卻經常要經歷「背叛」的荼毒。懷疑，是最初階的功課，甚至老師也鼓勵質疑，因為釋迦牟尼佛都說過沒有經過驗證的相信是迷信。然心靈導師的責任是挖出我們最深層的疑惑與病變，我們要不惱羞成怒，就是聖人了。

做老師的若沒有本事抽絲剝繭地將我們的毛病清除，如何能夠在我們的腦袋裝進有用的知識？不夠狠心就無法展現真慈悲，這時，和藹可親反而變成騙取學生迷戀的利器，與抽鴉片無異。

頂戴上師，時時檢驗自己的起心動念，才有機會進入修行「渡船到彼岸」的海洋裡，也才能夠有飽滿的勇氣與智慧挑戰驚濤駭浪裡的分秒驚險。享受衝浪的樂趣？還是舉足尖叫謾罵？都在於心上是否坐著溫暖慈藹的老師，祂是微笑？還是憤怒？都因為我們心底的垃圾是清除了？還是正在發酵發臭？

有些人，要見到老師才心安，也有人早就把老師深刻地印貼在腦海裡，完全信賴。前者如嬰兒學步，顫顫巍巍，隨時會摔倒；後者輕盈飛步，很快就能與大師相見，真正做到「同步邏輯」的合而為一。

有人以知識為師，以為這樣就不會有拜錯大師的負擔，以及追隨大師的困擾。然而究竟上的信仰，還是需要有傳承的導師指引，否則，飄遊

享受衝浪的樂趣？
還是舉足尖叫謾罵？
都在於心上是否坐著溫暖
慈藹的老師，
祂是微笑？
還是憤怒？
都因為我們心底的垃圾是
清除了？
還是正在發酵發臭？

的感受非常寒冷刺骨，最可怕的是不清楚目的地。

我有一位非常聰慧的好朋友，多年尋訪大師，讀遍所有相關的資訊，她的資料夾裡不知道有多少古今中外大師們的檔案，精細的程度非常驚人，連大師的私生活都不放過，更別提大師的八字了，早就被她肢解分析得變成透明片。我只能說，誰要收了這種學生，簡直是不小心撞上了魔鬼投胎的小魔頭，要不就是存心找碴來踢館的搗蛋仙。天知道，她是多希望找到能夠信賴的老師啊！找了二十年都還沒找到蛛絲馬跡，她憂心忡忡地嘆氣：「若不能讓我心服口服，我就是拜不下去……」別問，她到底想要甚麼樣的老師，連我也好奇，我也常常懷疑她根本不需要老師，直到……

終於親眼見到老友向一位八十多歲的老先生頂禮，我感動得想掉淚。與大師晤談片刻後，老友忍不住咬耳朵：「老先生戒律甚嚴，只跟男生親切微笑，看到女生就變得好嚴肅。」她臉上掛著掩不住的失落。我趕忙向她表示，這是人之常情，熟稔以後，就不會這麼明顯了。

如果老先生動不動就對著不認識的女生微笑，不被說閒話才怪呢！老友這一微細間的情緒變化，讓我從心裡笑出來，終於，她願意渴望大師的溫暖了，真是一個好的開始。

不同的人需要不同的老師，想要有教無類是可望而不可及的夢想，在藏傳佛教的世界裡，根本徹底否決這樣的迷思。不但有教有類，甚至同門師兄弟的功課都各自有別，無法互通訊息。老師會針對每個學生的特質出功課，每一個階段又再不斷地修正，根據每個學生自己的進度出手整治。當然，這都是在所有基礎學識紮根之後的學習進程。

有些同門在認識老師之前，是先認識了別的老師，那位大師說：「你

不同的人需要不同的老師，
想要有教無類是可望而不可及的夢想，
在藏傳佛教的世界裡，
根本徹底否決這樣的迷思。
不但有教有類，
甚至同門師兄弟的功課都各自有別，
無法互通訊息。

們不是我的學生，你們的老師應該是某某，去找他吧！」當他們見到老師的第一刻起，心中的確認是如此的清楚，不做他想。這種幸運，未曾落在我的頭上。

多年來，我見過的大師不多也不少，有些是第一眼就知道沒緣分，而密切往來的幾位師父都給我出過許多難題，害我誠心磕頭之餘，卻始終無法將之頂在腦袋上，比老友的困境有過之無不及。這並不是說老師們的道行不夠，抱歉，這些老師個個本事高強、學富五車，最大的原因是「捨不得」。

一旦將老師頂在頭頂，意味著放棄隱私權，徹底投降。

如果只是學習知識，禮敬老師並不難。難就難在老師動手破壞的工程裡，我們必須放下尊嚴，接受如同當面呵斥的羞辱感。已經習慣原來格局的人，被嫌棄自認還不錯的配備，就相當不好受了，緊接著還被要求徹底拆除解體，忍痛重新搭建堡壘後，被批評得更嚴重，仍必須打落牙齒和血吞地繼續重建工程。如此再三反覆，直到我們看透這場把戲。

旁觀者總是說來輕鬆的，唯有自己走入這樣的情境，才恍然大悟：原來我是如此不可思議地在乎啊！

當我們拼命追逐老師時，信誓旦旦地承諾一大堆，比簽銀行支票還爽快，就連聽到觀世音菩薩向如來佛發願救度眾生，也覺理所當然。輪到我們兌現支票時，別說眾生似海，幫助自己親人也一缸子辦不到的理由，原該相親相愛的師兄弟都互別苗頭，就不必提「發願行菩薩道」啦！

我呀！連救自己都覺難如登天。

辛辛苦苦，
鬧了半天，
把老師放在頭頂上，
就是要時時棒打這個不時
冒出來的「我」。
原先以為修行裝修門面，
卻彷彿粉刷了一個違章建
築，
剛好在裝修完工日被勒令拆
遷。

最後，最難過的一關，就是當老師告訴你：根本就沒有「我」這回事。那就彷彿被人從飛機上丟下來又忘了拿降落傘似地驚恐，那不就沒命了！

辛辛苦苦，鬧了半天，把老師放在頭頂上，就是要時時棒打這個不時冒出來的「我」。原先以為修行裝修門面，卻彷彿粉刷了一個違章建築，剛好在裝修完工日被勒令拆遷。明知大勢已去，仍奮力抵制掙扎做最後的抗爭，反而浪費了重建的資源。

頂戴上師，五味雜陳。有飛行的快感，更有中箭落馬的痛楚，是否能夠清醒地看見這一切事件發生背後的本質，就看你與腦袋上的師父是否相處愉快，否則，真的必須常常跟諸佛菩薩喊救命啦！這就好比父母管教，賴皮的孩子總是去跟爺爺奶奶搬救兵，有時還是會奏效的呢！

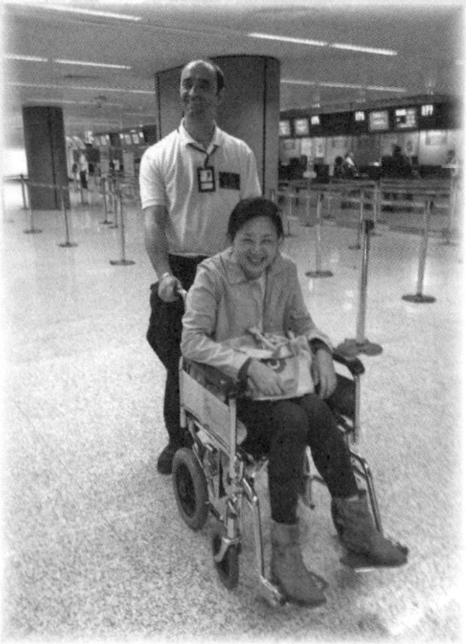

師父說：雖然我也很愛八卦，但妳不可以。當妳有偏見時，八卦不但傷人還犯戒。如果妳能融會貫通戒律的存在意義，八卦的確有無窮的樂趣，甚至很療癒，因為妳有了共情能力，衍生出自他交換的悲心，便開啟了雙向奔赴的智慧。

師父說：在妳是嬰兒時，需要被呵護，直到不再需要就變成了被需要。於是，妳開始品嚐各種各樣的不如意以及無盡的困惑。是的，困惑將累積到超越負荷，而此時，妳很可能走向或左或右的極端，這將是妳最感謝遇見佛法的時刻，一開始，妳感覺被呵護，再然後，妳不需要被呵護，因緣，讓妳看見無二的救贖。

師父說：大成就者蓮師之外，我最喜歡密勒日巴，他是瞰破真相與虛幻的詩人，他是直面空性的勇士，他擁有共情最深的慈悲心。如果我有願望，我將追隨他的腳蹤，直到無所畏懼。

第十四章

孰為同修？孰為仇敵？的兩面光

同修為三寶，亦如上師的各種化身，以持續不間斷的情誼相伴護持，直到「覺知」的道路清晰如明鏡。

皈依三寶裡的僧，指的是與我們一起修行的同道，通常這些人應該是像兄弟姊妹一樣地有同門情誼，至少，也有同病相憐的經驗。

理想中，也就是皈依三寶裡對僧的定義：在修行路上互相扶持的同門師兄，這些人與我們的遭遇類似、感受雷同，也都是對三寶禮敬有加的物以類聚者，彼此非常熟悉修行過程裡的酸甜苦辣，若適巧又是面對同一個老師，那就更是如同來自同父同母家庭般親切了。

非常不幸地，就連這層關係也是要過關斬將地經歷好幾重階段。同門之間是敵亦是友的懸疑狀態，既親密卻又如芒刺在背，又接近又疏離，讓人又愛又怕無所適從，有時比偵探小說的演進還精采。好比一家姊妹，優劣有別之時，父母兄姐之間的情誼就受到相當嚴厲的考驗。

同門之間是敵亦是友的懸疑狀態，
既親密卻又如芒刺在背，
又接近又疏離，
讓人又愛又怕無所適從，
有時比偵探小說的演進還精采。

雖說老師是有教有類，但發過大誓願的老師們可是不能推拒任何送上門的學生，只要這學生死皮賴臉地求救，就算是沒有過去多生結緣的基礎，也必須伸手援救，直到他們找到自己的老師。於是，同門師兄，三教九流，甚麼樣的人都有，甚至是各懷鬼胎，表面和諧卻暗潮洶湧是家常便飯。尤其，在藏傳佛教一對一教學的系統裡，懷疑老師偏心的人比比皆是。

說老師偏心，也對也不對。如果你當老師是父母，偏心難免。若如實當老師是佛，發現大師有所偏頗，要不表示你視人不明、選錯老師，就是你居心不正，未曾看清老師。不論是前者或後者，須不斷調整心態，當然辛苦，除非這關卡在前輩子就已經選修過了，否則關關難過關關要過。

老師曾說：「皈依境裡，一般是將父母親人圍繞身旁，若有十足的修行勇氣，就把敵人放在首要位置，迴向所有的利益給傷害你最深的人。因為這些人是幫助你最大的恩人，修行路上，若沒有強敵環伺，隨時都會沉淪耽溺，否則也會不自覺地變成不痛不癢的傻子，永遠到不了彼岸。那個讓你痛的人，好比不打烊的醒鐘，時刻教你提心吊膽地精進，若要快速成長，絕對需要真正的敵人隨時出現眼前刺激你……長期泡在『愛』的暖缸裡，不變成廢物，也會癱成一團爛泥。愛是嗎啡，已經病入膏肓才會需要。」

這席話，真讓人洩氣，卻是一劑強心針。

不論是哪一種宗教，都有集體共修的活動。向來無神論的封從德經歷天安門事件的逃亡過程裡，遇見許多修行人搭救的真實事蹟，不得不被迫接受「天外有天」的事實。因此到法國修碩士、博士論文的題目由科技轉哲學，提出論文期間，遍訪各門教派收集資料，凡是進得去的宗教如

若要快速成長，
絕對需要真正的敵人隨時
出現眼前刺激你……
長期泡在『愛』的暖缸
裡，
不變成廢物，
也會癱成一團爛泥。

基督、天主、回教、佛教、道教甚至各種民族文化祭典都一率參訪。他發現：「集體祈禱真的有很大的作用力，真可怕！我如果沒有親身經歷，絕對不會相信，這種力量，每個宗教都有，這是我想不透的地方……」

大部分的老師都會鼓勵同門師兄弟一起修行，除非你已經到了必須獨處的境界。有此一說：「一個人誦經是一個人的成績，若有十個人一塊兒念咒，這十個人，每個人都累積了十人共同的功力。更別提百人、千人的同心祈禱，會演變成多大的迴響。」

我聽過一捲歐洲千年教堂裡修士集體誦經的錄音帶，沒有任何樂器的伴奏，自始至終，彷彿一人唱誦般迴旋在音韻繚繞的大廳堂裡，蕩氣迴腸，讓人不自覺地被牽引到千萬里外，彷彿這天籟已飛揚到普世，並立即上達天聽，愉悅一切天人，任何的祈禱都將被暖暖地實現。

無論你如何仔細地諦聽，就是無法辨識這錄音帶裡的聲音是出自一人還是許多人，而你明明知道，這聲音的力道絕非來自一人。

小時候被迫唱國歌的經驗可以是個非常好的例子，從來都無知無覺地重複又重複地集體刻印在腦海裡，一直到出門在外，忽然在一個陌生的國家見到一群家鄉人一起唱國歌，那份感動與感觸相當引人，這是每個人都體驗得到的集體效應。

這種群體凝聚，需要長期的共同毅力，一再地重複實驗，若沒有一致的信念，很難達成。

因此，同修才會成為皈依對象的三寶之一。找到「同步邏輯」的老師，就好比拿到尋寶圖，而生死與共的同門就是助你飛行的千里馬。是助力還是阻礙，端賴你用甚麼角度去看待自己的兄姐，是墊腳石還是親密摯

找到「同步邏輯」的老
師，
就好比拿到尋寶圖，
而生死與共的同門就是助
你飛行的千里馬。
是助力還是阻礙，
端賴你用甚麼角度去看待
自己的兄姐，
是墊腳石還是親密摯友，
不妨檢視一下自己的居
心。

友，不妨檢視一下自己的居心。無論如何，你的老師都心裡有數。

急切尋找同伴，是每個人成長過程中最尷尬的經歷。

老師常常在我自以為找到知心盟友的當下，陰森森地狠打一棒：「最貼心的朋友，翻臉最快，傷害更深。今朝密友，他日仇敵，背叛的感覺來自當年的信賴，小心哪！」很不幸，我的老師最喜歡烏鴉嘴，有時候，真的很想拿根針把他縫起來。他說這話，擺明地告訴我：不但沒本事轉逆境為善緣，就連善緣也被我搞成逆境，徹底封死了我「依賴」同修的出路。

那麼，同心唱誦，豈不遙遙無期！

經過老師一再點明敵友顛倒邏輯之後，才逐漸看清自己是多麼的小氣。

當我們大大方方地布施，也就是佛教圈最盛行的「累積功德」，興高采烈地施展慷慨胸懷之時，心裡老老實實坐著一個「我」，因為有我，才會有「給予」這回事。否則，只是搬來搬去而已，何來布施？何謂功德？

無私，進而做到「無我」，就有機會做到集體共修的和諧樂境。不然，集體相殘的恐怖鏡頭隨時顯現，有時，都恨不得自已瞎了眼，甚麼也沒看見。畢竟，叫一群心猿意馬的凡夫俗子聚在一起祈禱，沒作用還好，要是各有一點小小功力，自然是險象環生呀！

若做不到無我，最乾脆的做法，就是像老師說的，索性將敵人當密友，天天對著最痛恨的人磨練自己的善心善意，好像練輕功就必須步步綁著

索性將敵人當密友，
天天對著最痛恨的人磨練
自己的善心善意，
好像練輕功就必須步步綁
著千斤重擔一樣，
一旦放下，
必然健步如飛。

千斤重擔一樣，一旦放下，必然健步如飛。

如此一來，是同修也好，是敵人也罷，不管你願不願意，這些角色常在不知不覺間變來變去，鬧得你眼花撩亂，仍不能不面對。與其手忙腳亂，不如做到一視同仁的視野，就算有人刻意找碴，也當作送大禮，天外飛來橫禍，必然是老天看得起。那麼，如果老師不讓你畢業，同學也會把你轟出去，簡直優秀得惹人厭嘛！

有的時候，碰到嚴苛的老師反而是種幸福。同門師兄弟忙著同仇敵愾地招呼師父，也就沒功夫互相傾軋，由於同病相憐，倒激勵了共同奮戰的士氣，和樂融融。就怕師父太頑皮，採取分兵離間政策，那就只好請求老天保佑啦！

師父說：去哪裡都可以，目的地只是個藉口，可以在乎可以不在乎。但從出發直到返程都保持敏銳而鬆弛的覺知，才能讓你有進入禪定的機會，而這瞬間即逝的機會，萬金不換，億載難求。

師父說：妳走過我走的路，未必如我所見，卻照樣踩著我的影子播下了因緣種子，這便是朝聖的一種方式。我們在不同的時間裡相遇，雖非實質，但終將化虛為實，只因你手中孕育的種子。

師父說：妳總能在路上遇到流連忘返的風景，卻清楚自己只是路過。無論生與死，無論是否過得風生水起，妳都是路過。於是，當妳在生與死地路過中陰身時，便能堅定地相信自己是路過，快走慢走，決定權在自己。

第十五章

一山還有一山磨

「覺知」山路重重又重重，這山翻過，依舊層峰迭起。三寶的佛為導師，法為真理，僧為同修，則層峰變為「覺知」的美妙山景。

人的一生有好幾座山頭要攀爬，就別提修行路上的崎嶇山路了，等你好不容易流血流汗破皮拐腳地爬上山頂，才發現自己竟迷失在群山之間。

做老師的出難題，一方面是考驗，同時也是獎賞。這是說你進步了，給新的功課，免得你不進則退，想賴皮逃跑的，老師會多賞你一個金箍咒，卻很少見到獎勵的掛牌，怕你得意忘形。

前幾年，因為《西藏生死書》而揚名全世界的索甲仁波切來台弘法，剛巧我的老師也在台北，由於老師是多年未遇的長輩，索甲仁波切便連夜來拜訪，那時，屋裡正坐著一群閒談家常的學生，我眼睜睜地看著平時忠心耿耿的師姐，立時諂媚阿諛地黏著這位著名大師拍照，驚訝得要休克。這讓我深感羞愧的師姐難道沒看見大師對我們老師的敬畏嗎？轉頭發現老師正將一切收進眼底，含笑不語。

做老師的出難題，
一方面是考驗，
同時也是獎賞。這是說你
進步了，
給新的功課，
免得你不進則退，
想賴皮逃跑的，
老師會多賞你一個金箍咒
……

西藏人流行一句諺語形容這種狀態：「Lama Shopping!」就是到處參訪名師，卻一個師父也跟不定。

遊走於群山之間，與迷失在山林裡，在外觀上相似，自己卻心知肚明這大大不同之處。

如果是爬山高手，都知道「專注」的重要，事前的準備功夫，對目標的認識以及當下應變的方法，都得盡量收集完整的資訊，才安心地出發，絕對不會去為了爬玉山而搜羅聖母峰的資料作為登山依據。妳可以登上許多山巔，卻得一座一座地攀越，除非妳有分身。

還有，千萬不要做出我家大人責備，卻跑去向鄰居叔叔告狀的尷尬行為。不明究理的叔叔一頭霧水，家中長輩更是火上加油。

緊箍咒雖然可怕，這可是嚴師的最大慈愛，若不理解珍惜，就要花上更漫長久遠的代價，去琢磨這嶙峋癰痺的頑石。只可惜，身在山中，不知林深處，我們很難看到大師的深意，動不動就要抱怨自己遭受的不平之冤。於是，出走尋訪名師，就像逃學的孩子一樣，巴不得自己是別人家的小孩，總覺得別人的父母慈祥些。

有時候，老師做完階段性的功課，也會把自己的學生轉交給其他的老師，或者讓學生另訪名師。這也許是各個專長不同，也或許是師生關係遇到了瓶頸，必須轉換時空調整進程。

許多著名的大師，也都有許多的老師，很少人從一而終。但，讓你照見自己的魔術師卻只有一位，標準的師徒二人知道之外，只有天知道。

某日，當我憤怒地對著老師咆哮之際，老師竟優雅地面帶笑容回應：

緊箍咒雖然可怕，
這可是嚴師的最大慈愛，
若不理解珍惜，
就要花上更漫長久遠的代價，
去琢磨這嶙峋瘤痹的頑石。

「我是你的鏡子，無論你看到的我是甚麼，都是當時的你。」

我聽過好幾位師兄談論過：「我發現老師有兩種，一個是你怕的，一個是來安慰你的。好像，你怕的才是老師，那個慈眉善目的，大概是菩薩。」我自己就曾經遊走在天堂與地獄之間，每次被修理，就跑到另一個老師那裡去取得平衡，如果在天堂裡呆太久，那平時和顏悅色的大師會突然給你一個嚇死人的惡鬼面孔，驚得你馬上逃之夭夭。

那麼，你是否發現：其實最怕的還是自己。

不論越過多少個山頭，始終要面對孤伶伶的自己，只有不怕的當下，才是出山之時。

老師說：「學佛之始，一定要準備許多的佛菩薩塑像供在佛堂裡，每天定時頂禮跪拜。很多人的佛堂都是愈堆愈多，連自己也搞不清楚，到底專注的修行對象是哪一個，一直到你由少變多，再由多變少，終於有一天，一個也沒有，就可以出關了。」

因此，當你還在翻山越嶺之時，山巔永遠不會是你的終極目標，因為這表示你仍在群山之間，一山還有一山高地必須攀越，而且每一座山都有自己的崎嶇與難度，只要心存征服之心，就永遠有發作不完的力氣要宣洩。

每回打掃佛龕，都會有這樣的念頭：甚麼時候才能讓這有點擁擠的地盤變輕鬆？

不牽掛的人是麻木，就像無神論者的隱憂；牽腸掛肚太多的人，是三步一歇腳的大肚婆，不可能輕巧行進。如何能夠將諸佛菩薩裝進腦袋，

你的老師一定會給你階段性的解釋。
這是個沒有定論的問答，直到你不需要答案的那天。

卻又不嫌空間不夠所造成的負擔，的確需要足夠的膽識深究。

你的老師一定會給你階段性的解釋。這是個沒有定論的問答，直到你不需要答案的那天。

爬山的人，最怕仰之彌高。這有兩種極端狀態，要不是沒有勇氣登上山頂，就是太有雄心壯志，還沒爬完這個山尖，心裡已經望著另一座山頭。就好像那些到處收集武林祕笈或者尋訪大師的人，基礎功夫不做，卻眼珠子鼓溜溜地瞧著何處有賣相更好的高手，不明白唯有打好樁的人才找得到稱職的工程師，否則，練就一肚子花拳繡腿，不夠時間讓你表演完，就被打倒了。

從前老師常常譏笑我們：「那麼喜歡頭銜，到處追逐『法王』，放著許多好老師不去問道解惑，真是浪費。這些頭銜大的人，哪兒有閒功夫陪你們這群小猴子，老老實實地跟著一位有耐性的老師，好過這樣到處採購頭銜，十年下來，你得到了甚麼？這就好比沒本事遇見活菩薩，就只好拜拜我們這些臭老道，至少還教會你怎麼做人，懂得做人了，再去想做神仙的機會還不遲。」

老師常說每個人的承受力不同，有的人只需要一位老師，而有些人卻必須集合許多老師才修理得動。

我的老師不多，卻也夠嗆的了。

有一天，在兩位不同門派老師之間的山路上走著，忽然有一種被遺棄的失落感，弄不清該回哪一個家才對，愈走愈傷心，便哀哀地哭泣起來。這裡面的酸楚，真不知從何說起。這些老師相繼把我丟來丟去，等我一一拜會完，卻又責怪我時間分配不均，我出門也不是，留下也不妥，

等你站在另一座山頭時，
才看得清原來攀爬的那座
山景。
尤其是在換老師的時候，
才深深感受到以前老師給
了多少終生受用的功課，

恨不能把自己大卸八塊。費了好大功夫才安撫完情緒，發現根本沒人在乎你的存在，自己多事惹塵埃。

不管你受的委屈是多麼的窩囊，沒有一件是白受的。

等你站在另一座山頭時，才看得清原來攀爬的那座山景。尤其是在換老師的時候，才深深感受到以前老師給了多少終生受用的功課，這種轉換時空的場景，往往有意想不到的效果。每次剛從老師那兒渡假回來，走進辦公室的剎那間，都有這種深刻的感受，原本棘手的事情，忽然易如反掌，眼睛也俐落得多，從前想不開的死角，變得清晰明朗，反倒搞不懂原先的邏輯是如何形成的。

老師給你最大的鼓勵，就是繼續折磨你，哪天停手，就是該打包收拾行李的時刻，要不逐出師門，就是畢業了。

至於，那一座座迷人的山景，要走馬看花，還是停下來歇歇腳，各有利弊，只看妳的心猿意馬是否被駕馭得當，否則，隨時有跌落山谷的危機。

師父說：妳如果把進廚房的熱情與專注用在禪定就好了～ 或者，妳可以把烘焙的過程當作禪定，多一重價值，同樣地入定，照樣享受愉悅，全心全意。

師父說：在妳說我不會時，其實已經有了方向，否則就不會冒出不會的想法，這便是解決問題的鑰匙。追著「不會」走下去，終能得到滿足。這也是倒果為因的方式之一，妳可以稱之為大圓滿。

師父說：癡心妄想解脫大圓滿，也不是不可以，倒果為因即可。也就是說從終極目標起始倒著走，回到因果的起始點。舉個台灣的農業科技成就「組織培養」為例子，只要拿到一個葉綠素細胞，便能還原一棵樹。結果在那裏，只需補足過程即可。

師父說：玩物喪志，說的是妳這種坐不住又走不動的人。坐得住，心念即空性，萬物即生即滅，無志可喪。走得動，萬里一瞬間，眼裡有世間，無物不在生滅之間。

尋找上師 師父說

第十六章

拜倒在師父的刀山油鍋下

知我者，上師。無論刀山油鍋何時起落，大師自有分寸，若失去準頭，定然是「上師相應」的「覺知」該磨練了。

不管是看過武俠小說還是跟過武林大師學藝的人，都很清楚被修理的滋味兒，難易有別罷了。

是看戲，還是身歷其境，心裡雪亮地明白：愈上乘的功夫，折磨愈大，痛苦愈深。當然也有人會說這跟資質有關，天知道，這上好夙慧是否被磨練過好幾世。

這就好比腳底按摩，想要徹底治療病症，就找那願意狠心讓你痛的醫生。

第一次見到美國師父的時候，曾經問過一個自以為是的問題：「我的皈依師父說：『要進入金剛乘的藏傳佛教世界裡修行，必須先打好小乘、大乘佛教的基礎，否則就如盲人騎瞎馬，會去哪兒都不知道……』我們是不是應該從頭學起，再來拜師？」瀟灑如神仙的老師冷笑：「金剛乘

是看戲，
還是身歷其境，
心裡雪亮地明白：
愈上乘的功夫，
折磨愈大，
痛苦愈深。

本來就包含了小乘、大乘佛教的基礎，你自己沒聽懂，胡言亂語。有哪一個金剛乘的法教裡不是一上來就宣說小乘、大乘佛教的理念的？妳告訴我！」當時不知哪兒來的斗膽，居然還繼續發表言論：「我師父叫我回去先修好四伽行再說！」本來溫文和藹的師父忽然怒目圓睜：「誰告訴妳要從頭來過的？妳怎麼知道自己前輩子修過沒？」

多年前，我在眾目睽睽之下，淚流不止，想停也停不了，數小時後，有位遠道來的師兄好意來安慰我：「我也是這樣的，師父講話的時候，旁人聽來都不覺得有甚麼，只有被念的人心裡有數，我就當眾哭過好幾回，別人也是。有時候，師父出手，一下子好幾個人在哭，每個人都不知道別人在哭甚麼，只知道自己被逮到了。」我被念的反應通常都是冒火，很少掉淚。

唯有一次，師父很技巧地輾轉假借別人之手修理我，我躲在家裡哭了三天。

當時，家中收留了幾位臨時打尖的師父隨從弟子，有位師姐吃味兒，奚落這些人貪圖我家寬敞不去她的寒舍留宿，因此她來我家的時候，我沒給她好臉色。數日後，師父駕到，立刻讓我最喜歡的師姐致電數小時，溫柔婉轉地數落我的不是。手中拿著電話，臉色灰白，隱忍著一肚子氣。第二天見到師父道歉時，他老人家彷彿完全不知道有這回事，害我尷尬得不知道要將手腳往哪兒放。

也許有人會認為這有甚麼大不了的，問題出在我自覺委屈，而逮著我的是我的最愛，數落我的是我最敬愛貼心的朋友，能不傷心嗎？誰不希望永遠展現最好的一面給心愛的朋友？

受邀去舊金山拜訪傳法中的師父時，時差還沒調整過來，就被師父點

全心全意相信老師，的確是一件非常幸福的事。
每次想起密勒日巴大師絲毫不猶豫地聽從老師的命令跳下懸崖，就熱淚盈眶，這份純粹，多麼讓人羨慕。

名做飯給一百四十人吃，只派給兩個貼心卻不善廚藝的弟子做幫手，還要包含採買。師父問我行不行時，我居然毫不考慮地答應了：「只要是您的要求，我一定做得到。」當時心裡對老師的信任飽和到飄飄欲仙的程度，完全忘記自己的極限是三十人份餐點。這頓晚餐不含採購共用了四個整小時，準時八點用餐。時隔多年，無法相信當初是如何做到的，若非出自師父的命令，我無論如何也不會答應動手。

全心全意相信老師，的確是一件非常幸福的事。每次想起密勒日巴大師絲毫不猶豫地聽從老師的命令跳下懸崖，就熱淚盈眶，這份純粹，多麼讓人羨慕。

記得幫老師趕工翻譯第一本書時，心裡想著的只有一個目標AB讓師父滿意。然而，這項工程未如預期的順利，幾度要換手翻譯。未料，老師的答覆竟是：「我不要別人的翻譯。這跟學問技巧無關，我信任妳，妳的遺憾是不信任自己，找回妳的信心吧！」

幾生幾世的服侍也買不到這樣的信任。

不要問我原因，真的，我不知道。不是每個老師都能讓我如此信任，很遺憾地，這信任的品質，也並非始終如一。畢竟，我只是個凡夫俗子，念頭不停地亂跑，想法變化快得連自己也害怕。

做學生的都很喜歡接到老師派差事，恨不能搶到幾件大工程，好好地邀功，有時甚至爭奪得不像話，卻很少人真心誠意在老師出遊時做苦工。其實，不管老師在不在，都有本事弄清楚，到底誰做了甚麼，想偷雞摸狗的遲早被修理，時候未到而已。遇到英明的老師，掉到地上的針尖都會被撿到，沒有一秒鐘被忽略。

各有各的劣根性，
各種情緒以及鬼鬼祟祟的
行徑仍層出不窮，
不被即時逮著，
就依然我行我素，
可憐的老師活像個每天追
著小偷跑的滑稽警察，
一刻也沒得閒，

有位朋友告知親身經歷，曾經有一群學生遠途跋涉到老師的閉關森林裡聚會，大約有三十多位來自世界各地的同修，使用的語言有國、台語、英語、法語、西班牙語、德語、藏語等等，平時各自在帳棚或房間裡讀書打坐，互不相擾，只有下午老師出關時才會碰面。某日，老師靜悄悄地提早出關，一個個地細數每個人上午做過的歹事與各種惡行惡狀，鬧得每個角落都有人落淚，不分男女老少。

很不幸，即便如此，還是各有各的劣根性，各種情緒以及鬼鬼祟祟的行徑仍層出不窮，不被即時逮著，就依然我行我素，可憐的老師活像個每天追著小偷跑的滑稽警察，一刻也沒得閒，除非他老人家玩累了，索性眼不見為淨，失蹤個幾年，要不就狠狠地每人重打一棍，叫妳許久都忘不了。

一日老師嚴肅地問大家：「想去天堂嗎？你以為天堂長甚麼樣子，烏語花香，或者金碧輝煌？永遠纖塵不染、四季如春？無憂無慮、心想事成？」忽而嫣然一笑地自言自語：「老實說，我可不想去，太無聊了。十全十美，沒事可做，不無聊死才怪。」錯愕的同學們弄不清老師是說真的還是開玩笑，尷尬地不知該不該笑。

緊接著，老師又說：「甚麼叫涅槃？睡著了，醒不過來，這不是很可怕嗎？跟死掉有甚麼兩樣？你想過沒有？真的要像佛陀一樣，進入涅槃嗎？地獄可能比較好玩噢！至少朋友多些……」

如果你跟老師的交情是二十年，老實說，妳早就不敢去想天堂與地獄有甚麼差別啦！

嗯！這話從何說起。

如果你跟老師的交情是二十年，
老實說，
妳早就不敢去想天堂與地獄有甚麼差別啦！

我的老師很會修理學生，然而他去見自己最害怕的老師時，連接電話都會冒汗，更別提當面被整肅了。

有回跟師兄一塊兒去送老師上飛機，才一轉身，就不約而同地大聲說：「走！去好好地吃一頓飯吧！」狼吞虎嚥一翻後，彼此相視大笑：「老師再不走，就要餓死了啦！」我們並沒有忙得沒時間吃飯，相反地，每天絞盡腦汁帶老師去吃香的喝辣的，可就怎麼也食不下嚥，神經緊繃得快要斷掉，隨時想要躺下來休克。

問我想不想見到老師，想哪！每天都想。真要見到老師，時時刻刻都祈禱他老人家趕快走，深怕他一時想不開要延期留下來。

怎麼會這樣，我們到底是怎麼被修理的？

不告訴你！

不是的，是說不出口，有苦難言哪！

老師一再交代：「不要靠得太近，會被燒死！但也不可以離得太遠，沒啥作用。最好是保持距離，以策安全。愈好的老師，愈需要保持距離。」

這就好像生產的婦人，每回痛得哇哇叫，都會發誓：「再也不要生小孩了！」等到白白胖胖的娃娃出現，甚麼痛都忘記了，照樣一個接著一個生。有人說，再大的痛苦都痛不過生產中的婦人。那麼，若是講到心痛，最痛就是愛人離妳而去，那當口，也有許多人會發誓：再也不要談戀愛了。神機妙算的老師們，就是能夠神準地計量好妳的承受力，剛剛好讓妳痛到最高點，休克前鬆手，又在妳恰恰忘卻痛苦之時，再重打一頓。

神機妙算的老師們，
就是能夠神準地計量好妳
的承受力，
剛剛好讓妳痛到最高點，
休克前鬆手，
又在妳恰恰忘卻痛苦之
時，
再重打一頓。

怎麼個打法呢？每個人不一樣，因為每個人的過敏點不同，妳會痛的，搞不好別人會大笑呢！只有妳的老師最清楚。

然而，就像每次從按摩師那兒回家一樣，雖痛楚記憶猶新，整個人卻是再清醒也不過，積弊沈痾都煙消雲散似地輕鬆。莫怪妳會愈戰愈勇了，也許有人會取笑妳以此痛換彼痛，被治療的人自己明白，否則幹嘛好端端地自找罪受。

老師的可怕之處，就是他的狠、準、不放手。太極拳的沾、黏推手也不過如此，卻隨時隨心掌控到無所遁逃。

某日正在喘息之時，老師忽然站在我面前，距離不到十公分：「我知道妳想逃，不過，我就像是如來佛，而妳正是我掌中的小猴子，天涯海角都逃不脫。哪天有本事跳出這手掌心，也就不需要逃了。」當時的恐懼與震撼，真的像撞見鬼！

那麼，我到底是怎麼被修理的？

不告訴你！

還不就是攬鏡自照的時候，看見一個花枝招展的大怪物，就是敝人在下我，而那面照妖境，就是我那恐怖至極的老師！

師父說：我希望妳在我的花園裡慢慢走，妳走這麼快要去哪裏？我們又不趕路！即便是到了中陰身也不需要趕路！那只會讓妳更驚慌！用禪定鍛鍊沈靜的本事，想來便來想走便走，不慌不忙！妳什麼都可以看也可以不看，一旦看了，便勇敢地看清楚。

師父說：佛龕上，除了水，最好的供品是花，妳若能將大地觀想成佛龕，欣欣向榮遍地開花成為妳的供養，源源流入的功德茲生圓滿，將成就妳的悲心，溫潤妳的智慧。

師父說：同一棵樹，有見天，有入地，有連結天與地的橋樑；有綠葉、有繁花、有暗根、有蜿蜒而上的枝枒，每個部位都有自己的分工與視野，長在一個生命裡，見地有別。妳再聰明，也因爲共生關係而有了片面的選擇與是非，所以，擺脫斷見，才是走出牢籠的鑰匙。

尋找上師 師父說

第十七章

無言為師

我無言，才聽得到上師的心語，當心語也靜止之時，浩蕩滔滔亦悄然無聲地隨風消逝，「覺知」才正進入排演。

《金剛經》中釋迦牟尼佛說：「……如來所說法，皆不可取，不可說，非法非非法。」六祖的注解是：「恐人執著如來所說文字章句，不悟無相之理，妄生知解，故言不可取。如來為化種種眾生，應機隨量，所有言說，亦何有定乎？」

是否有人試過，把老師說過的話重複一遍？或者試試妳最在意的人都說了些甚麼，妳記得嗎？當妳複述的時候，人家承認妳說的一字不漏嗎？完全照原來的意思，沒有誤會？

若是這樣，豈不天下太平。

與老師相處將近二十年，從早期的聒噪不停，唯恐說的不夠詳細，怕老師聽不懂，沒完沒了地搶著說話。很難想像，現在可以單獨跟老師吃完一餐飯，居然沒吐出半句話。這並非無話可說，反而是有太多的話想

與老師相處將近二十年，
從早期的聒噪不停，
唯恐說的不夠詳細，
怕老師聽不懂，
沒完沒了地搶著說話。
很難想像，
現在可以單獨跟老師吃完
一餐飯，
居然沒吐出半句話。

說，乾脆不說。

自從老師告誡：「閉關期間，無論發生甚麼事，都不可以告訴任何人，包括我在內。」忽然間，撥雲見日，所有的疑慮都煙霧般飛走，七上八下的心結當下解開，心也開始安靜了下來，那段時間，真的好舒坦，整個星期都沒說話的日子，快活無比。這就像被頒發了免死金牌，有人要做靠山啦！天塌了有人頂著，當然逍遙又自在。

與老師邊學邊過招的情形，驚險萬狀，卻有如雲霄飛車，趣味橫生。

剛開始花拳繡腿，貽笑大方。日漸入門以後，便開始有板有眼地推門見山。進到登堂入室的階段，好像迎接貴賓似地大鳴大放，鬧得震天駕響，連看門狗都要逃逸無蹤。真要進出自由之時，反而躡手躡腳，不敢出聲。

認識老師愈久，方知舉手投足都被錄了影，曾幾何時，到處裝上了針孔攝影機都不知道，懊悔莫及。許多同門都有這樣的經驗，腦袋裡動了甚麼念頭，全被揪出來，無一倖免，愈怕被知道的，愈早被抓到，比電腦還靈光。

六祖對《金剛經》中如來所說法不可執著妄解的看法，剛好引起我運用釋迦牟尼佛這段話來詮釋我們師生相處多年的經驗：「聽得到、摸得到的，全是夢幻一場，唯有停止抓取的剎那間，才發現取之不盡、用之不竭的能量，從來都不需要爭奪盜取，只要別去封鎖就行了。」

完全不掙扎，談何容易。

嘴裡沒說話，並不代表心裡也沒話說。在老師面前裝乖巧，一點用也沒有，保證被激得跳腳，除非他老人家懶得理妳。

「聽得到、
摸得到的，
全是夢幻一場，
唯有停止抓取的剎那間才
發現取之不盡、
用之不竭的能量，
從來都不需要爭奪盜取
……

吃到一肚子餿掉的食物，不敢說；和享用上等美食，忙得說不出話來，有氣死人的天壤之別。

老師不講話，絕對要比喋喋不休的的時候恐怖多了。腦海裡跑馬，恐怕不輸給電腦跑碼，萬一不小心連上線，甚麼畫面也齊全地一覽無疑，地洞都不夠妳挖。這麼說，有點兒懸疑。想想看，我們小時候，不管偷偷做了甚麼歹事，都很容易被父母逮著，一個眼神就洩了底。老師要解妳幾個亂碼，豈不易如反掌。

我們躲躲藏藏的「隱私」，並不如想像中那樣隱密。只要用點心，誰家的祕密都找得到，就怕妳沒那番閒情逸致而已。

老子說：「多言數窮，不如守中！」一言以蔽之。

話說得愈少，力氣消耗得有限，身體裡的能量充足，才能敏感地眼觀四處、耳聽八方。

如果真要相信「上師相應法」的功能，不安靜下來，能發揮作用嗎？不管是需要老師的了解，或者是想要了解老師，最好的方式就是別說話。習慣了安靜之後，才發現，想知道甚麼就會知道甚麼，毫無祕密可言。

經歷過天堂地獄的迷思冥想之後，「天下本無事，庸人自擾之！」的經典名句就會自動貼在額頭上。

「無言」的狀態有好幾個階段，就像練功有好幾重，是一樣的道理。自己走到了第幾重，心知肚明，若要裝傻，老師一定會雞婆地提醒妳，除非妳膽子夠大，把他老人家從腦袋上打下來，否則要他不當警察還真難，警察都會值班輪休，老師可是終年不打烊的 7-eleven，樂此不疲地

不管是需要老師的了解，
或者是想要了解老師，
最好的方式就是別說話。
習慣了安靜之後，
才發現，
想知道甚麼就會知道甚
麼，
毫無祕密可言。

愈玩愈高興，油箱永遠自動化滿格，勁道十足，別擔心他會停車加油，萬一暫停，是怕妳受不了。心軟，歇口氣，隨時會加踩油門，補回來。

「無言」也並不一定指的是「不說話」，而是嘴裡說著一回事，腦袋裡跑著另一件事。

我就曾經在眾目睽睽之下，跟老師閒話家常了一整天，回家後，才發現腦袋裡被灌了好多資訊，整理好久才理出頭緒。神奇得自己也不敢相信。我如果傻呼呼地跑去證實，保管被罵得狗血淋頭。

我試過。

有次去拜訪老師，想要問的問題一直沒得到答案，回到家後，才如數冒出來。等到下回去見老師，不論怎麼想盡辦法要表達謝意，古靈精怪的老師就是有本事閃避，連一個謝字都不讓我說出口，就別提把答案提出來求證了，簡直是自己找碴，沒事找事做。

老子說得好：「是以聖人處無為之事，行不言之教，萬物作焉而不辭，生而不有，為而不恃，功成而弗居，夫唯弗居，是以不去。」恰如其分地詮釋了一位好老師的行止。

釋迦牟尼佛說：「若菩薩不住相布施，其福德不可思量。」

這其實有點兒陰險，明明要的是最大的功德，卻必須乾淨俐落地表明完全不要，就像大清皇帝說的，普天之下都是我的臣民，根本不需分出你的還是我的。這個可見範疇還是在於自己願意打開多大的空間，而佛卻是明明白白地告訴你：「全部都是你的！」就看你裝不裝得下而已。

這個可見範疇還是在於自己願意打開多大的空間，而佛卻是明明白白地告訴你：

「全部都是你的！」

就看你裝不裝得下而已。

做老師的來不及地說法，恨不能像電腦那樣，插上電源，接好線，就立刻完整地全部輸入，不必那麼辛苦地說個不停，人家還不見得聽的懂。這只有學生願意放下「我」，騰出空間，才有可能。也就是說，語言已經轉變成另一種能量資訊在輸進輸出，根本不必說話啦！

其實，你如果試過腦子非常忙碌的時刻，是說不出話來的，那麼，如果讓你發現在腦子安靜的時候，居然可以找到更寬廣的遊樂園，你還會想說話嗎？

在我不需要分出你的還是我的當下，所有的可見與不可見，就全部都是我的呢！這就是不說話的好處。

師父說：盤中有殘羹，不代表不滿意，甚至可以是很滿足。一掃而光，也許並非廚藝一流，而僅僅是本能反應。妳在日常生活中要保持自然覺知，不是讓妳挑剔，而是養成觀察入微的習慣，從而成為自己的鏡面。時光流逝後，妳的收穫，是終於有了無二無別的喜悅。

師父說：生活中的互補很重要！！黑中有白與白中有黑的太極圖，正是激活生命轉動的真諦。中國自然生成的道家哲學思想，源自真實的生活觀察。我常常在想，是否與佛陀的思想有相通之處？

師父說：妳也許可以在四季裡找到生生不息的契機，卻無法依循生死有時的必然。妳看到生的希望，但不接受與之並存的死亡。若曾經，妳沈浸在落花飛雪中，也許，妳才真正知道春天的氣息。

第十八章

「大師」為師？

無論大師是否為大師，指引我「覺知」的才是上師。

做名師的學生，就好比嫁給明星做老婆，肯定醋罈子滿缸，卻又矛盾在隱藏還是炫耀的夾縫中啃噬自己，同門之間的計較，很難為外人道。老公不出名就沒飯吃，老師不顯赫就很難展現大師的威風，自己的信心也容易為諸多細故而萎縮，老師行情看漲，大家的信心也跟著膨脹，這是人之常情，無庸置喙。

這又是個沒有答案的問題。到底是跟隨有名的大師比較有保障呢？還是像書上寫的那樣：到深山裡尋找隱士？就算不小心讓妳找到了隱士，有了徒眾，也難保這登上寶座的隱士不會變成聚眾成城的大師。

先從檢驗大師看起吧！

無論大師多麼神通廣大，畢竟仍是血肉之軀，承受力有限。教得了十個學生，並不代表能夠受得起上百人的跪拜，真要來了百萬人磕頭，不

無論大師多麼神通廣大，
畢竟仍是血肉之軀，
承受力有限。
教得了十個學生，
並不代表能夠受得起上百人的跪拜……

嚇倒，也暈得只剩下半條命。原本可以騰空打坐，這下子連盤腿都有困難。

有一年，人氣愈來愈旺的老師忽然公開說：「今天是告解日，在此，慎重地告訴各位，我不是你們想像中的大師，我跟你們一樣有七情六欲，甚至可能比你們還嚴重，你們有沒有想過，坐在台上的我，私底下的行為比台下大多數的人還糟。現在，不嫌棄我是凡夫俗子，仍舊願意留下來聽演講的，我很歡迎。受不了，想要退出的，我也不反對，現在就可以離席。」有人啜泣不敢置信，也有人相當不給面子地立刻站起來走人。

老師不知道哪根筋不對頭，年年都在想辦法醜化自己，看能不能趕跑一些學生，這樣就可以減輕責任了。誰又知道這是不是個姜太公釣魚的策略，不但不見學生減少，反而演講廳愈租愈大間。做老師的也挺矛盾，既怕人多負擔不起責任，人少了又嫌冷清不好看，卻又頑心不減地回回摩拳擦掌想點子作弄學生：「下次，滿臉塗個平劇大花臉上台，不知道效果如何？幫忙找個化妝師好不好？」

著名的創巴仁波切著作等身，也是出了名的整人大師，吉嘎空楚仁波切最津津樂道的一個事件：「有一天下午，創巴仁波切告訴閉關中的學生，六點鐘到教室裡集合，他老人家要去上課。跟隨多年的學生，一個也不敢輕忽，乖乖地提早去教室裡等候，甚至也有人就地靜坐起來，沒想到，一個小時又一個小時地過了，老師還未出現，已經三更半夜，沒有人膽敢離席，有人開始打瞌睡卻不敢躺下來。一直到清晨時分，大部分的人幾乎進入彌留狀態，六點整，創巴仁波切出現在教室裡，一直上課到中午才放人。」

我的美國老師也是列名整人大師之一，他的生活習慣特異，每天睡眠時間只有兩小時左右，晚睡早起，既是夜貓子，還是比早起的鳥兒還早

多年來，
伺候老師的學生們始終維
持不變質的忠誠，
甚至對老師的敬愛日漸增
長，
對這種近乎「虐待」的相
處方式，
完全不為所動，
反而覺得是種榮幸……

的精靈。每日清晨三、四點開始靜坐到中午，有時也可能延長到下午，時間不定時，他的理由：「看錶是現代人的習慣，我只根據自己的生理時鐘作息，那種切割好的時間只會造成干擾，靜坐反而不徹底。」長年伺候老師的學生，雖有榮幸和老師住在同一棟房子裡，但老師靜坐的期間非常敏感，任何人輕舉妄動，即使相隔兩三層樓，都會對老師造成極大的震波，因此，老師出關前，不得以任何理由行動，躡手躡腳地去上廁所也不可以，絕對有必要練就憋尿的本事。至於睡眠時間嘛！據說，學生們都是在輪休期間，回家狠狠地睡上一個月再回來繼續被折騰。

多年來，伺候老師的學生們始終維持不變質的忠誠，甚至對老師的敬愛日漸增長，對這種近乎「虐待」的相處方式，完全不為所動，反而覺得是種榮幸，能得到這樣的磨練。有時候，我佩服這些學生的程度比尊敬老師還深些，真是嘆為觀止。

有天，老師親口跟我說他虐待學生的行徑，講了一下午都還沒講完，非常精采好笑，我笑得涕泗縱橫，用掉好幾包面紙，他說：「『忠誠』是我對學生唯一的要求，這個字對我非常重要，沒有這個基礎，一切免談。」這些故事對旁聽者雖有娛樂效果，若身歷其境，恐怕連笑的力氣都沒有。我一直很感謝，老師只是跟我說這些陳年往事，而不是讓我變成故事中的一分子。

俗話說：「僕人眼中無聖賢」，這話一點兒也不適用師生關係，據我所知，許多跟隨大師多年的徒弟，愈親近的愈尊敬，簡直是到了敬畏的程度。看不出大師門道的人，不妨觀察弟子們的言行，必可略窺一二。

不論大師是否為名師，門下若干弟子總是有相處上的難題，若非經過假以時日的修理，很難趨近於老師要求的「協調」，也有的老師故意激發酵素來維繫這「不協調」，以達到激勵的目的。無論如何，這都是很

藉由「關心則亂」的原理，
去觀察挖掘內在的波濤，
再逐一對治，
是最有效的昇華方式。

好的淨化作用，藉由「關心則亂」的原理，去觀察挖掘內在的波濤，再逐一對治，是最有效的昇華方式。

我的老師就經常刻意邀約最讓我礙眼的人物與我共同赴宴，其實，多年磨練之下，對人的分類已經降低到微乎其微的程度，卻彷彿每次都被老師刺激到最高點，原本不在意的事情，又忽然嚴重起來。

顯見得，我們並不如自己想像中的那樣了解自己。

老師說：「時時刻刻提神，不要懈怠。不必刻意為難自己，只要留心觀察即可，看到愈多的毛病，表示進步的愈快，也代表你還算清醒。沒毛病出現，就要小心了，這可是大大的危機，要不是你的潛意識睡著了，就是你誤以為『圓覺』證悟啦！涅槃與死寂在外觀上看起來差不多噢！」

怎麼來的怎麼去，是善待自己的唯一法門，不論好或壞，都不會為自己帶來無法擺脫的困擾。

「佛告須菩提，凡所有相，皆是虛妄，若見諸相非相，即見如來……若菩薩有我相、人相、眾生相、壽者相，即非菩薩……若人言如來有所說法，即為謗佛，不能解我所說故。」

這段文字，裡裡外外，實實在在地呈現了一位大師之所以成為大師的本質。

有時，同門之間看到的老師幾乎是好幾個人的化身，沒有一個人眼中看到的大師是相同的，甚至在我看來慈祥萬分的老師，對他人而言卻是凶神惡煞，而在我看來可怕如妖魔的大師，卻人見人愛的和藹可親。

大師呈現的形象，對我而言，已經不再如此重要，但是，祂是否讓妳擁有更寬廣自由的空間，卻是妳必須非常小心計較的不二法門。

大師呈現的形象，
對我而言，
已經不再如此重要，
但是，
祂是否讓妳擁有更寬廣自
由的空間，
卻是妳必須非常小心計較
的不二法門。

「大師」為師？

師父說：做任何妳喜歡做的事，唯有如此才能專注，而修行就是為了鍛鍊專注。打下堅實的基礎，來自於持續不懈的專注，三心兩意的人，終究將時間錯付而一事無成。妳不必須要有成就，但妳至少守住自己的虔誠心。

師父說：道理很簡單，不需要神格化地苦大仇深，更不必絞盡腦汁解讀。皈依三寶是尋求庇護，而非佛菩薩需要妳的大禮拜，妳禮敬的，是純淨自然的本真，無需增減。妳閱讀的經典，其實都是字面上的意思，只要認識字，直接進入即可。

師父說：不要給自己訂太大的目標，妳堅持不了，重點不在於量，而是持久。每天專注地念一次心咒，念一年或十年，遠勝於妳一天把十年的份唸完然後再也不念不想，很快便徹底忘記，那十年的努力煙消雲散。妳每天記得睡前醒後憶念上師，那麼，妳在中陰身便能輕易找到我為妳指路，而不慌不忙地散步前往死生之處。

師父說：菩提心，是可以養成的，就像在心中孕育的種子，也像是每天上學的妳，勤勤懇懇地自然而然，眨眼間便能說會寫，滴水穿石。而菩提心養成後的喜悅無窮盡，大自然的懷抱有慈悲，也成就了妳汲取的能源，然後，妳終於聆聽到自體流出歡快的叮咚響，與周遭共鳴。

第十九章

是「妳」還是「你」？

上師示現兩極的同時，即是認知無分別「覺知」的當下。

每次看到藏傳佛教最典型的男女雙身佛像時，都有不同的想法，從最早期的「假裝沒看見」，到「原來如此」乃至於「落淚」，不知道經過了多少的心理轉折，由避諱、聽說、查證、理解到貼近真實，好像一個嬰兒在很短的時間裡經歷了生、老、病、死的驚嚇，忘了哭泣。

老師對「佛父與佛母」的解說，也因為彼此關係的進階而有許多不同的說法，「方便法門與智慧」、「陰陽同體」、「寶庫與鑰匙」、「金剛與蓮花」、「除障與慈悲」、「娑婆世界與涅槃」、「業法輪迴」、「五毒與五智」以及糾纏不已的「虛幻與真實」……

至於，「旁人」對雙身佛像的竊笑與狐疑，老師也有兩種答覆：「觀想用的象徵」或者「你們每個人都會做的事呀！有甚麼好大驚小怪的？」

大部分的佛像都是以男性的身體為主要象徵，若形成雙身佛像，就會

至於老師在兩性關係裡所扮演的角色，就好像「本尊」在尋找自己的「空行」或「空行母」，必要而「懸疑」。

增加女性的法侶，但也有些儀軌是以女性為主，極少數的女性本尊也有男性的法侶，這些法侶，男的是「空行」，女的是「空行母」。

人人都知道，唯有經歷過男女兩性關係上的相處之後，你或妳才會經驗到一個完整的生命人格。男人與女人不僅僅是在生理的構造上有極大的不同之處，就連內分泌引起的情緒變化都是極端不同，因此，你與妳的拼圖遊戲，就像是捉迷藏，既懸疑又理所當然。

至於老師在兩性關係裡所扮演的角色，就好像「本尊」在尋找自己的「空行」或「空行母」，必要而「懸疑」。

這裡討論的不是性關係，而是性別錯置。

在老師眾多的門生之中，有男有女，而異常有趣地，不管老師扮演的是哪一種角色，只要老師在強調性別上下工夫，學生就很容易落入圈套地變成異性，這時候，不論男女，都會變成老師所扮演性別的異性。

譬如，老師如果是你，學生就會變成「妳」，而這裡的「妳」，可憐的男生也會加入，一起變成後宮競選的對象。那麼，舔嗜爭風吃醋的趣味也一起產生。

我曾經多次親眼目睹許多大師身旁的男性，在老師身邊的時候，立即不自覺地變得非常女性化。

這本討論尋找大師的書中，多次使用「妳」的地方，就是明指著在這樣的關係裡所影射的涵義，特指女性特徵的呈現，如菟絲攀藤一樣地糾葛。

很多人在師生相處關係上產生困惑，
最大的因素是避諱檢視自己的心理狀態，
既因為「看到了」又因此「蒙蔽」了。

至於，為甚麼一定要運用男女兩性關係的相處作為修行依據，坦特羅密續經典裡有非常詳盡的解說，簡而言之，是利用人性的貪、戀、愛、欲、執著來推進掙扎的動力，以達到修行的目的：將貪、嗔、癡、慢、疑五毒淨化為五方佛智慧。

很多人在師生相處關係上產生困惑，最大的因素是避諱檢視自己的心理狀態，既因為「看到了」又因此「蒙蔽」了。就好像忽然在鏡子中看見一直以來都存在的黑斑，想盡辦法塗抹，卻是怎麼也遮不住，就只好離開鏡子，「避免去看」以便忘記這顯而易見的存在。殊不知，除去黑斑最好的辦法就是「面對」，看久了接受它是自己的一部份，也能夠賞心悅目，要不就運用最新科技除去它，永除後患。

老師就像是那技術熟練又冷血的醫生，快刀斬亂麻地挖出病根，立即動手術拔除。然而，妳若不覺礙眼，根本無意去除，沒有妳的同意簽字，醫生技術再精良也要徒呼負負。

性別錯置不是罪惡，是天性，「刻意扭曲」才是真正的恐怖份子。

是你還是妳並不重要，因為就連生物科學也證明了我們本來就是陰陽同體，強弱有別而已。只是，你是否找到了自己身體裡面的妳？且心甘情願地接收？非常重要，這是讓自己舒舒服服進入自己深度空間而不懼怕的唯一法門。

師父說：在妳沒有辨識空性的能力前，誤將夢境認為實境，不僅危險而且很容易陷入中陰身的僵局。因為在實境裡，妳至少有控制力，在夢裡或中陰身，妳的感知無限放大，被視為「超能力」，於是妳便無限放飛，直至面臨危險！

師父說：維持清醒，很重要！無論貧窮富貴與病困，鉅細靡遺地感知，覺察自己分寸之地的變化，這便是禪定的進階過程，直到天崩地裂也無法動搖你，而你依然維持著清晰的覺知。

師父說：妳眼前的景色，即便是靜止不動，也不是死的。就像妳睡著時，腦子裡呼風嘯雨紛紜換景，即便是醒來的妳，也不會知道自己夜裡有多忙。徹底睡著獲得實際休息的本事，來自於持續日積月累的禪定。中陰身裡無有恐懼的底氣，即在於夢醒時分的覺知，如夢似夢但為夢。

尋找上師 師父說

第二十章

為甚麼要找老師？

生命行進的軌跡，劃過的筆跡需要指引，
是畫還是書法？是工匠還是藝術精品？
端賴老師的教誨。

對從未接觸宗教信仰的朋友們而言，很難接受我對老師們的「崇敬」，而在同門的眼中，我卻是個出言不遜又極端忤逆的學生。

在此，感謝老師們的包容，雖然，我仍痛恨被修理，尤其是在沒有被通知又毫無心理準備的情形下。

其實，不管我們是否會尋找老師，很自然地就已經擁有許多老師了。當我們用各種方式與人溝通時，便實質上互為師生，即使彼此不願意用這樣的關係相對待。在這一切講究公平與愛的教育時代，「敬師」似乎已成為過去式。我那些從西藏來的老師們甚至開始禁止學生叩拜。幾個月前去看年事已高的老師傳授密續給藏族高僧們，他老人家便當眾要求來上課的各方豪傑不許頂禮，而這對西藏人來說相當不尋常，任何人上座講法，台下的人身分再高也要向傳法人致敬，這是傳統規矩。

其實，不管我們是否會尋找老師，很自然地就已經擁有許多老師了。當我們用各種方式與人溝通時，便實質上互為師生，即使彼此不願意用這樣的關係相對待。

那段期間，看著滿堂高僧，感觸良多。這樣的場景還能維持多久？

西藏人安安靜靜地在世界屋脊與大自然對話幾千年，忽然被趕到文明世界裡與科技、民主交流，終究要被腐蝕，還是像一般人所相信的那樣：將佛法與豐盛的心靈饗宴帶到精神貧瘠的現代社會裡，普降甘霖？或者同時進行吧！

最讓人感到心痛的是那份對老師全然純樸敬意的信任已逐漸消失散逸。年輕的一代，我指的是遠到西方社群中生活的藏族，不但失去閱讀藏文的能力，並開始有這樣的聲音：「我們為甚麼要盲目地叩拜這些上師？」

曾經有一位轉世的祖古告訴我他自己的成長經驗：「小時候，對於我們一家父子兄弟都是轉世的仁波切非常不以為然，經常質疑傳統的規矩，正值青春叛逆期，父親過世，造成心理上相當大的打擊，幾乎放棄信仰。第一次見到父親往生後轉世的靈童，簡直嗤之以鼻，被強迫前往拜訪，一肚子不情願，未料，才走到門口，那看起來相當嚴肅的孩子，用久違的熟悉語氣開始教訓我，當時，我被震撼得說不出話，連拔腿逃跑的力氣都沒了……」從此，這位自小到寄宿學校接受西式教育的小活佛也變成了傳統的捍衛戰士。

這樣的經歷，並非人人都有機會領教，若非親身體驗，卻又如何讓人相信呢？

老師，是傳遞傳統最好的橋樑。

如果，生命的存在有意義，或者，我們希望存在有其一定的價值，那麼，就由延續傳承的老師們來轉交歷代祖師的心血結晶與生命扉頁。摸索生命真相的同時，我們也成為傳承中的接棒者。

除了解除困惑，我不希望生命只是吃喝拉撒睡的過客，雖毋須留下歷史的痕跡，至少，在這綿延無盡的記憶體裡，刻下清晰的烙痕，以免在生命的迷宮裡永恆沉淪。

我找尋大師的唯一目的：以暫時的緊箍咒枷鎖換取真正的自由，也就是大家說的「解脫」。當然，自由的定義很多種，每個人會找到認同的對象去打造自由的雙翼，能否持久，就看彼此的「同步邏輯」是否建立了踏實的基礎。

至於我是否能夠成功地擺脫種種人性執著貪戀，就看老師們如何讓我受「苦」了……

我找尋大師的唯一目的：
以暫時的緊箍咒枷鎖換取
真正的自由，
也就是大家說的「解脫」。

第二十一章

師父說

師父說：心中有佛，處處是塔，日日繞塔，累積福報，至少有益健康。在哪裡，重要！但也不重要！！你的心是哪裡，你就在那裡！時時虔敬，刻刻無迷失之虞～

師父說：陽光、花、海、樹、美得讓人想供養佛菩薩，隨時獻供秒秒有功德。即便僅僅是讓自己感覺美好的當下，就是最好的供養，只要你知道自己是佛。

師父說：你眼中所見皆淨土，所有一切都可以供養三寶，一念累積的功德無量延伸，跟隨你進入中陰身，無有恐懼，不生不滅。

師父說：時間，很重要！也不重要！！但時間點，絕對重要！！同樣一句話，在不同時間，產生的效果，天南地北！ 業與福報，會讓你看見或忽視重要的時間點。

師父說：繞塔的功德無量，一本經典也可以是一座塔。朝聖很殊勝，只要心中有塔，處處是聖地，日日可朝聖，一張機票的錢，可有可無。

師父說：奇蹟，在自己的傳統生活裡就有，機率很小。慈悲，人人都有，無量無數，源源不竭，智慧可以在此滋養。

在讀過金剛經千百回後，我已失去夢境與現實之間的距離。昨夜輾轉未成眠，直至清晨才睡著，夢到故友，驚喜中邊走邊聊，感覺她變美變沈靜，仍一如既往地優雅～ 我醒來仍感受著這份巧遇的喜悅，「煦煦」如生。師父，煙花很美，可惜只有一剎那！師父說：一剎那可抵永恆！恆河日日改道時時變化，孕育了無量無數的生命奇蹟，每一瞬間都是一剎那～分享喜悅，隨喜讚嘆等功德。師父說：隨喜會傳染，用小火苗換大福報，不做的是大傻瓜。

師父說：行走坐臥都是繞塔，己身為壇城，以此淨觀前進的每一步，都在累積福德～我感謝身體不適帶來的福報。

師父說：出離，不是剃度，而是走出慣性，離開桎梏。也許剛開始嘗試出離會恐懼，一旦習慣出離，便又要離開這種愛上出離的覺知了～

師父說：無垢無淨，不在外，在自己心態。你怎麼想，就怎麼作用在自己身上，外在的一切都是自我的投射。真實與虛幻，是可以操控的。淨觀，是練習的起手式。

師父說：出生的終點站不是死亡，有很多的選項，妳現在的每時每刻，都在做出選擇。

師父說：甘露灌頂，可以是水，是靈糧，是傳承，甚至是一秒品嚐菩提心的瞬間。僅僅是一剎那，也需要億萬劫累積的福報，灌頂，超越時間與空間，打開無限，一滴足矣！

師父說：心像糾纏不清的藤蔓，生生不息。要讓自己心中微弱的那道光，一邊清理一邊增強，用傳承與心咒滋養，最後剩下一片光～

師父說：找到自己的光，一直放在心上，把種子字鑲嵌進去，如此便能自在進出輪迴，而不會迷失在中陰身裡無法解脫。

師父說：習慣追逐光讚嘆眼中的一切，將累積中陰身所見的壇城，點點滴滴自我建構，現在的隨喜，便是未來的歡欣解脫～

師父說：你眼中的每一個人，都是自己的投射，你看見的眾生就在自己的壇城裡，分秒的建構，將在中陰身重現。所以，做好每個選擇，就像蓋房子要選定搭配的建材一樣，是否悠哉出入生死，決定因素，就是現在的每一刻。

師父說：美食的記憶，會可怕地精準，色香味俱全，一旦豎立了刻度，從此不復返，可謂一騎絕塵。禪修亦若是，只要品嚐過其中的極樂之妙，便無法回頭，而妳要做的就是絕塵，不期待不渴望地向前走，隨時警惕自己不陷溺，保持清醒，即便是剎那之快，也無法綁架妳。

師父說：妳吃到好吃的食物，有了記憶；又吃到更好的東西，有了幸福感；然後以為人生就如此這般而已，於是，妳有了莫名其妙的感傷與出離，直到妳吃了更更好吃且喝了無法描述的好喝，且似乎又活過來了。這種跌蕩起伏的感受，來自五蘊且在臨終時消融又在中陰身達到高潮，妳最好現在開始適應，免得慌張失措，忘了自己是誰。其實忘了自己不是重點，失去傳承，妳怎麼活？

師父說：有一天，妳能夠理直氣壯地說「我要去做飯了！」妳便完成了大手印。事情不在大小、無關乎深淺、遠非遙不可及，能看清在意與不在意，已經步入解脫之境。

夢了一整個上午，醒夢來回無數次，師父遠遠近近地說著，時懂時不懂，一直自問為何老是在看細節，而忽略了師父說什麼，卻無法阻止自己鑽牛角尖。

師父說：你心裡的聲音會寫在臉上，會傳播出去，再反彈回來。心存感激，讓你瞬間進入傳承，承先啟後，為活著的每一秒譜曲，娛樂自己愉悅別人，累積功德～

師父說：妳沒有自己想像中那麼好，也沒有特別壞，只是別期待，就沒有失敗。妳仍然一如既往地自在，觀自在是最好的榜樣，如是如是。

師父說：如果你有能力走出去，不管去哪裡去多遠，盡量去不熟悉的地方，越陌生越能激發覺知能力，清晰可見自己細胞的愉悅與哀傷。那麼，這趟旅程的時時刻刻，都是淨土。覺知，是你走出去的方向～

師父說：別期待一期一會的相應，能有一次已萬幸！將這也許僅有的一次，珍惜頂禮供養如舍利，便成無量無數，慧己惠人！！

師父說：習慣，是個非常奇妙的黏著劑，會徹底改變妳的喜歡與不喜歡。就像妳本來害怕打坐，一小時坐著不動如酷刑，每天一分鐘還能忍一忍，每天增加一分鐘，也勉強接受，一年以後，一小時與一分鐘的區別也不大了。人與人之間的相處，其實亦如此，不要太快決定是否值得。自然而然，因為本意，看見了真心，習性，成為小幫手。

師父說：這世界可以看的太多太多，我們能看見的，不及萬分之一。禪定，能讓妳看得更清楚，也明白什麼是很多很多。然後，妳才能夠知道佛陀說的，一片葉子裡有無數的淨土，每個細胞都有一個小宇宙。

師父說：眾生，容易說出口，但很難關照，越有能力的人越清楚難度之高。幸而，本性即空，覺知到空性的無邊力量，也就能像施無畏者觀音在絕望時刻碎成千千萬萬片，而被頂髻上師阿彌陀佛拾回化成了千手千眼。絕望後的希望，更忙了。

師父說：頂禮！不是為了跪拜我，也不是向我低頭，而是滋養充實心中的信念，就像補充能源一樣，在頂禮的過程中充電，才能與傳承連線。彼時，虔誠帶來的電流，會讓妳品嚐到福德的喜悅。

師父說：殘缺！是讓人前進的動力來源，月滿，教人瞬間走到盡頭而失去覺知的勇氣。遺憾！是努力的酵素，情緒激動出爆發力，能更清楚地看見自己與周遭環境的變化。於是，妳的殘缺，有了更美好的前景。妳的遺憾，允許妳走出圍囿的天空。

師父說：心如明鏡與心如刀絞，其實是一體兩面，妳選一面或遊走兩面之間，過程不同但結果一樣。根據自己的直覺，一條路走到盡頭，也能看見需要看見的真相，畢竟實相亦如夢幻泡影，究竟上，如露如電，剎那真實與虛幻俱存。

師父說：妳也許不知道我在說什麼，沒關係！總會有懂的那一天，我播下的種子，在妳日日維持虔敬的狀態下，有水有陽光，就會有發芽的一天，那時，妳看見的聽到的，會越來越清晰。

師父說： 如果妳的眼睛夠好，就像古代道家修行一樣，既能內視五臟六腑，又能外觀天文，用肉眼，佛陀可以看星辰亦能觀察細胞內蘊藏的宇宙乾坤，這些都有記載。但以我們今日迷亂的世界，妳只能想一想，做出小範圍的選擇，拯救自己。

師父說：害怕！因為陌生、疏離、冷漠、厭倦、無力感～如果妳養成了禪定習慣，隨時隨地，無須擺譜，覺知到位，妳有感卻不受影響不被控制，這是解脫的起手式（師父邊說邊搞笑地擺出一個模仿架勢），於是，妳自由了，有任性的資格。

師父說：選擇性地去看自己想看的一面，錯過許多真相，從而導致輪迴，一再重複著遺憾，失去想要的長長久久。無論是剎那還是永恆，都是自以為的真實。《如露亦如電》應做如是觀。妳能「看見」剎那，已是大幸。

師父說：勇於認錯，死不悔改，是在什麼樣的情況下發生的？每個人都認為自己記住了教誨，認真地執行著，但妳知道的真是我說過的嗎？我們之所以需要禪定，便是學著摒除這種悖論的干擾，不落邊見，口說無憑，只能放著、看著、等著，直到知道了，然後忘記了。

師父說：納須彌於芥子，即便是謊言，也能開拓妳的想像力，瞬間解脫妳的認知束縛。未經思考的判斷，只能給自己戴上枷鎖；迅速奔向兩邊的斷見，無異於走進牢籠。自由，是自己給的。

師父說：此刻鬱悶，不代表下一秒也要繼續這無邊的情緒。感知，看著，看著，也就如雲煙散去，再也捕捉不到。妳想把情緒當顏料也能畫下經典作品，獨屬於自己的，留待多年後欣賞。

師父說：不以物喜不以己悲，人人贊同的至理，卻又有幾人能理解而不費力地做到？但凡有丁點猶豫，都無法讓妳輕鬆自如。如此底氣，除了與生俱來，便只能看清邊見的真面目。

師父說：擁有覺知力，就有了任性的通行證。守規矩，是為培養任性的基礎，只有在規範的方程式裡感受覺知，才明白不守規矩的「任性」是調整適合當下的狀態，下一秒，妳仍須改變已調整舒適的步驟，自由，在於編織覺知的網絡。

師父說：妳知道自己有偏見時，已清醒了一半，剩下的，便是尋找遺失的悲心。不是為了討好別人，而是實實在在地拯救自己。在妳真正清醒的一刻，才品嚐到智慧的滋味，那是無法描述的愉悅。眾生與菩薩，互相成就。

師父說：歲月！哄騙的，無非是妳的在意與不在意。抬頭看藍天，低頭望綠蔭，滋養了心，滌洗了念念不忘，在意與否，已成泡影，解脫也就在當下。

師父說：任何一種慣性，都能成就妳。選擇最簡單容易執行的，譬如每日獻供一朵花或一杯水給十方，直到不再有負擔地任運自如，就可以進行下一步略為複雜的儀軌。當然，這需要有傳承，確保妳不會胡思亂想，為自己製造困擾，給旁人帶來煩惱。

師父說：擁有覺知力，就有了任性的通行證。守規矩，是為培養任性的基礎，只有在規範的方程式裡感受覺知，才明白不守規矩的「任性」是調整適合當下的狀態，下一秒，妳仍須改變已調整舒適的步驟，自由，在於編織覺知的網絡。

師父說：我說話，妳要仔仔細細地聽，小心檢視分析，然後忘記。清洗概念，就像洗澡，污垢與老死皮屑洗掉了，妳仍在。一切附加的想像，累積的塵垢，時間久了，如陳年油煙機，如何清理？

師父說：寬容與包容，好像一樣，卻有著細微差距與巨大的結果。差別，就看你有多少的覺知能力，以及長年累積的福德與悲憫。這一點點來之不易的智慧，掌握了，能自救。

師父說：監牢！是自己創造的！誰也關不住你，除自己外。門裡門外都一樣，作繭自縛，輪迴不息。清醒，再清醒，更清醒，直到纖毫畢現地理解自己，才有可能解脫，獲得真正的自由。

師父說：是藝術還是垃圾，就看妳的太陽眼鏡有幾層。這世界的每個角落都在變，也都一成不變，最大的變化，在妳眼中。妳心中的那面鏡子，照見什麼，就是當下的投射，不是永恆。

師父說：皈依、相信與虔敬，是妳的護盾、依靠與能量。五蘊皆空，源於此能量，在此前，妳只能相信，然後看見。戲耍五蘊，玩弄於股掌之間，然後達到皆空。

師父說：唯有病了、殘了、絕望了～ 才驚覺走路、吃飯、泡茶這麼簡單的事，原來如此不容易。有時，把自己逼到絕境，再反彈，未嘗不是一種恢復覺知的方式。拉撐後再放鬆，更好享受當下剎那即逝的愉悅。

師父說：克制！亦是救贖。戒律，是為了讓妳學會克制，不至於陷溺在任何慣性裡，失去覺知的能力。這也是建立分寸感的有效方式。唯有清楚、明覺、持續地清醒，終究會看到自由的入口。

師父說：五蘊是靈魂的組成方式，需要加油站，如同肉體需要吃飯來補充營養，一旦無法進食，這個結構就散了。同時，有進有出，任何東西都不可滯留，保持暢通，才能繼續汲取新鮮的養分。

師父說：妳有嫉妒心，妳知道嗎？很深很小很難發現，找出來曬一曬，別養大了被自我玩弄。人人都希望自己是好人，明明知道世上無完人，仍沈浸在美好的泡沫裡，隨便誰都能搓破。這一瞬間，妳是痛恨還是感謝伸出手指頭的人呢？

師父說：妳出生的當下，便幾乎決定了妳將成為什麼樣的人。父母、環境，教育都是妳無法迴避的價值觀養成，智商與情緒，帶給妳的只是表面上的影響，真正撼動妳的靈魂致命吸引力，唯有妳自己。妳，才是決定自己是什麼的那把雕刻刀。

師父說：分得清一剎那、一瞬間、一轉眼之間的差別，妳已入定。時間，雖磨礪人心，卻是很好的玩具。拿起又放下，看山已是山，離解脫不遠了。

藝術，宗教，就是我想找求來剪破這世網的剪刀吧！

豐子愷 丁卯 (1927) 十月

國家圖書館出版品預行編目(CIP)資料

《尋找上師》師父說 = as told / 陳念萱(Alice N.H. Chen)著 . -- 初版 . -- 臺北市 : 華品文創出版股份有限公司 , 2025.05
面； 公分
ISBN 978-626-7614-08-2 (平裝)

1.CST: 藏傳佛教 2.CST: 佛教修持

226.965 114004620

《尋找上師》師父說 = as told

作　　者：陳念萱 (Alice N.H. Chen)
總 經 理：王承惠
責任編輯：王承惠
行銷總監：王方群
印務總監：張傳財
美術編輯：許俊賢
出 版 者：華品文創出版股份有限公司
公司地址：100 臺北市中正區重慶南路一段 57 號 13 樓之 1
物流地址：221 新北市汐止區大同路一段 263 號 9 樓
讀者服務專線：(02)2331-7103
物流服務專線：(02)2690-2366
E-mail：service.ccpc@msa.hinet.net
https：//ccpctw.com
總 經 銷：大和書報圖書股份有限公司
地　　址：242 新北市新莊區五工五路 2 號
電　　話：(02)8990-2588
傳　　真：(02)2299-7900
印　　刷：卡樂彩色製版印刷有限公司
初　　版：2025 年 5 月
定　　價：新台幣 380 元
ISBN：978-626-7614-08-2